KB205498

사도신경 핸드북

-역사, 해설, 예배사용-

사도신경 핸드북
-역사, 해설, 예배사용-

초판 1쇄 인쇄 2023년 10월 23일
초판 1쇄 발행 2023년 10월 31일

지은이 김재윤
발행인 이기룡
발행처 도서출판 담북
등록번호 제2018-000072호(2018년 3월 28일)
주 소 서울시 서초구 고무래로 10-5(반포동)
전 화 02-533-2182
팩 스 02-533-2185
홈페이지 www.qtland.com

사도신경 핸드북
-역사, 해설, 예배사용-

김재윤 지음

서문

분량이 많지 않은 이 책에서 저는 사도신경을 고백하는 일의 전체를 조망하고 싶었습니다. 단지 사도신경의 항목들을 설명하는 해설서는 많았지만 이런 전체적인 조망이 아쉬웠기 때문입니다. 사도신경을 고백하는 일은 우리의 믿음과 교회의 모든 면이 종합된 퍼포먼스입니다. 사도신경은 단지 교리 항목을 모아 놓은 생명 없는 문서가 아니라 교회 세움과 성도의 변화, 창조세계 전체를 변혁하는 중심에 있는 살아있는 고백입니다. 사도신경을 고백하는 행위에는 우리 경건의 전체가 압축되어 있습니다.

무엇보다도 사도신경의 내용은 예배 전체를 관통하고 있습니다. 설교, 세례, 성찬, 찬양과 기도에서 모두 사도신경의 내용이 흐르고 있습니다. 사도적 증언 위에 자신의 교회를 세우시겠다(마 18:18)는 예수님의 교회 세움의 약속과 사도신경을 고백하는 일은 함께합니다. 사도신경은 지금도 매 순간 살아 계셔서 교회를 세워 가시는 삼위 하나님에 대한 교회의 생생한 아멘을 담고 있습니다. 머리 되신 우리 주님의 몸, 교회가 많이 아프고 약해져 가는 안타까운 상황입니다. 이런 현실속에서도 사도신경을 올바로 고백하는 것을 통해서 주님 주신 교회 세움의 약속이 우리 안에 실현되도록 소망해 봅니다.

2023년 10월

저자

| 목차 |

제1부

-

사도신경의 역사

1. 공인 본문(Textus Receptus)

16세기 로마가톨릭교회 문헌들은 라틴어로 된 다음 사도신경 본문을 공인 본문으로 언급하고 있다.

Credo in Deum Patrem omnipotentem, Creatorem coeli et terrae;
나는 전능하신 하나님 아버지, 하늘과 땅의 창조주를 믿습니다.

Et in Iesum Christum, Filium eius unicum, Dominum nostrum,
나는 예수 그리스도 그 분의 독생자 우리 주를 믿습니다.

qui conceptus est de Spiritu Sancto, natus ex Maria Virgine,

passus sub Pontio Pilato, crucifixus, mortuus, et sepultus,

descendit ad inferna, tertia die resurrexit a mortuis,

ascendit ad coelos, sedet ad dexteram dei Patris Omnipotentis,

inde venturis est iudicare vivos et mortuos;
그 분은 성령으로 잉태되시고 동정녀 마리아에게서 나셨습니다.
본디오 빌라도 치하에서 고난받으시고 십자가에 달리시고 죽으시고 장사되시며 음부에 내려가셨습니다.
사흘만에 죽은 자들로부터 부활하셨고 하늘에 오르셨고 전능하신 아버지 하나님 오른편에 앉아 계시며 거기로부터 살아 있는 자들과 죽은 자들을 심판하러 오실 것입니다.

Credo in Spiritum Sanctum,

sanctam ecclesiam catholicam, sanctorum communionem,

remissionem peccatorum,

carnis ressurrectionem,

et vitam aeternam. Amen

나는 성령을 믿습니다.

거룩한 공교회와 성도의 교제와 죄사함과 몸의 부활과 영생을 믿습니다. 아멘[1]

16세기 당시 로마가톨릭교회는 교회가 공적으로 채택한 본문이라고 말한다. 1564년 트렌트 공의회 기록에 나오며 더 결정적인 증거는 1568년 쾰른의 수사신부 멜키오르 히톨프 (Melchior Hittorp)가 기록한 고대로마법에 등장한다.[2] 이 두 문헌을 통해서 당시 로마가톨릭교회가 사도신경을 공적으로 사용했다는 것

---

1) 공인 본문을 되도록 있는 그대로 직역한 것임.

2) J. N. D. Kelly, *Early Christian Creeds 3th*, (NY: Longman, 1972), 370. 히톨프의 고대교회법은 그가 출판한 "가톨릭교회의 신적인 직분자들과 사역자들에 관하여" (*Dedivinis catholicae Ecclesiae officiis ac ministeriis*)의 서두에 나온다.

을 우리는 최종적으로 확인할 수 있다. 그러나 이것은 단지 공적인 문헌적 증거이며 사실 중세 교회는 이미 12세기부터 공적으로 이 공인 본문을 세례 때 사용하도록 하였다.[3]

종교개혁자들도 공인 본문을 공적인 사도신경 본문으로 수용하였다. 루터, 츠빙글리, 칼뱅은 이 본문을 사용하였다. 종교개혁시기 영국국교회도 이를 받아들여 아침, 저녁으로 암송하도록 정하기도 하였다.

현재 한국 교회에서 가장 널리 받아들이고 있는 새번역 성경에 수록(이하, 새번역 성경 수록)된 사도신경 본문은 사실상 이를 따르고 있다. 다른 한편으로 고신총회가 결정해서 헌법 후반부에 수록되어 있는 사도신경(이하, 헌법 수록) 또한 이를 따르고 있지만 약간의 차이를 보이고 있다. 1)새번역 성경 수록 사도신경 본문은 '유일하신 아들'이라고 번역한 것을 헌법 수록 사도신경에서는 '독생자'로 번역하고 있다. 2)총회가 채택한 헌법 수록 사도신경에는 "음부에 내려가셨다"(descendit ad inferna)를 담고 있다. 비록 새번역 성경 수록 사도신경 본문이 비교적 널리 사용되기는 하지만 여전히 사도신경은 약간의 차이를 보이고 있는 것이 사실이다. 그리고 종교개혁자들이 그대

---

3) L. Doekes, *Credo, Handboek voor de Gereformeerde Symboliek* (Amsterdam: Ton Bolland, 1979), 16

로 수용한 공인 본문에서 일부를 임의적으로 제외한 것은 새번역 성경 수록 사도신경이 가지고 있는 문제를 보여준다. 이는 여전히 논란의 여지가 있다.

사실 사도신경 본문에 대한 이런 차이는 단지 하나의 조항을 넣고 빼는 것의 문제를 다루기 이전에 사도신경 본문의 전체적인 역사를 고찰할 필요성을 반증하고 있다. 사도신경 본문의 긴 형성과정과 교회에서 사용된 역사에 비추어 보자면 사도신경은 사실상 다양한 수정, 추가, 삽입의 역사 속에 있었다는 점을 고려하지 않을 수 없다. 따라서 단지 이 조항의 추가 여부에만 관심을 가질 것이 아니라 사도신경 텍스트가 어떻게 발전해 오고 정착되었는지를 포괄적으로 고찰하면서 사도신경의 의미를 다시 숙고해 보아야 한다.

2. 사도신경 본문의 역사

원래 신조(혹은 신경)는 symbolum이라는 단어에서 기원하였다. 증표 혹은 표식이라고 번역될 수 있는 이 단어는 314년 아를(Arles) 총회록에 공적 문서에서 가장 먼저 발견된다. 이 기록에 따르자면 어떤 사람이 비기독교 이방 공동체에 속해 있다가 교회에 들어오게 되었을 때 그는 자신의 신조(symbolum)를 밝히고 세례의 의미를 알아야 했다.[4] 따라서 신조는 단지 명목상의 문구가 아니라 세례와 함께 완전히 그리스도의 소유가 되었다는 물리적 표식이었다.

사도신경(symbolum apostolicum)이 열두 사도들이 한 자리에 모여서 한 구절씩 나누어 말한 것에서 유래했다는 주장은 4세기의 루피누스(Tyrannius Rufinus, 344-411)에서 기원한다. 그러나 루피누스가 사도신경이라는 용어를 처음 사용한 것은 아니다. 사도신경(symbolum apostolorum)이라는 명칭 자체는 390년 밀란총회에서 로마 교회 대주교 시리키우스(Siricius)에게 보내진 편지에 처음 등장한다. 동일한 용어는 아니지만 로마의 장로였던 히폴리투스(170-235)는 215년 경 사도전승(Traditio apostolica)이라는 이름을 붙인 압축된 고백문

---

4) *Doekes, Credo, 1.*

을 남겼다. 이 문헌이 처음으로 사도신경이라는 용어를 사용한 것으로 알려져 있다. 헬라어로 된 이 고백문은 그 자체로 소실되었고 라틴어 본문만 전해진다. 내용적으로도 이 본문이 사도신경의 가장 초기적인 구조를 담고 있는 것도 사실이다.

Hypollytus의 사도전승(tradio apstolica, 215)

Credis in Deum Patrem omnipotentem?

Credis in Christum Iesum, Filium Dei,

    qui natus est de Spiritu Sancto ex Maria virgine,

    et crucifixus sub Pontio Pilato et mortuus est et sepultus,

    et resurrexit die tertia vivus a mortuis,

    et ascendit in caelis et sedit ad dexteram Patris,

    verturus iudicare vivos et mortuos?

Credis in Spiritu Sancto,

et sanctam Eccelsiam et Carnis resurrectionem?[5]

---

5) Denzinger, *Enchiridion Symbolorum Definitionum et Declarationum de rebus Fidei et Morum* (Basel: Herder, 1999), 24

(번역)

당신은 전능하신 하나님 아버지를 믿습니까?

당신은 하나님의 아들 그리스도 예수를 믿습니까?
그는 성령으로 마리아로부터 나셨고 본디오 빌라도 치하에서 십자가에 못 박히셔 죽으시고 장사되셨습니다.
그리고 사흘째 날에 죽은 자들로부터 살아서 부활하셨습니다.
하늘에 오르셔서 아버지 우편에 앉으셨습니다.

당신은 성경을 믿습니까?
그리고 거룩한 교회와 몸의 부활을

히폴리투스의 사도신경이 라틴어 본문이라면 주후 300년경으로 추정되는 앙키라의 주교 마르켈루스의 헬라어 본문도 존재한다. 이 헬라어 본문은 주후 900년 경 어떤 한 왕족의 예전 예식서에 기록되어 있으며 공인된 헬라어 본문으로 유일한 것이다. 밀란의 주교였던 암브로시우스의 설교를 기록했다는 신조해설(Explanatio Symboli) 본문은 397년으로 추정된다. 이 외에도 주후 400년 말로 추정되는 아우구스티누스 설교, 6-700년 경으로 추정되는 라우디아누스 사본(Codex Laudianus),라베나의 주교 베트루스 크리솔로구스 설교(450년 경), 튜린의 주교 막시무스(450년 경) 등 유사한 사도신경 본문의 기록들이 발견된다. 고대교회에서 나타난 이런 일련의 사도신경 본문들 중 표준으로 여겨지는 것은 4세기 말의 티라니우스 루피누스의 사도신경 본문이다. 연구자들은 히폴리투스로부터 루피누스에 이르는 과정속에서 나타나는 일련의 본문들을 묶어서 고대교회 신경이라고 이름하기도 한다. 특별히 앞서 언급된 16세기 로마가톨릭교회가 공인한 공인 본문 사도신경(T)과 구별하기 위해서 이렇게 부른다.

고대로마신경(R)

고대로마신경은 다양하게 변형된 텍스트를 가지고 있다. 다음은 4세기 말에 티라니우스 루피누스(Tyrannius Rufinus)가 남긴 텍스트이다. 루피누스는 사도신경이 열두 사도들이 한 장소에 모여서 성령 충만을 받아서 돌아가면서 한 항목씩 말한 것이라는 주장을 처음으로 공식화하였다. 엄밀히 말하자면 사도신경은 크게 고대로마신경(R)과 공인 본문(T) 계열로 나누어져 있다고 볼 수 있다. 여기에는 고대로마신경(R) 계통에 속하는 루피누스의 라틴어 텍스트와 이와 밀접한 연관을 가진다는 거의 동시대의 마르켈루스의 헬라어 텍스트를 제시해 보고자 한다.

루피누스의 사도신경

Credo in deum patrem omnipotentem;

et in Christum Iesum filium eius unicum, dominum nostrum,

  qui natus est de Spiritu sancto ex Maria virgine,

  qui sub Pontio Pilato crucifixus est et sepultus,

  tertia die resurrexit a mortuis,

  ascendit in caelos,

  sedet ad dexteram patris, unde venturus est iudicare vivos et

mortuos;

et in Spiritum sanctum,

sanctam ecclesiam,

remissionem peccatorum,

carnis resurrectionem.

(번역)

나는 전능하신 하나님 아버지를 믿습니다.

그리고 그 분의 유일하신 아들 그리스도 예수를 믿습니다.

그는 성령으로 동정녀 마리아로부터 나셨습니다.

본디오 빌라도 치하에서 십자가에 못박히시고 장사되셨습니다.

사흘째 되는 날 죽은 자들로부터 부활하셨습니다.

하늘안에 오르셨고

아버지의 우편에 앉으셨습니다. 거기로부터 산 자와 죽음자를 심판하러 오십니다.

그리고 성령을 믿습니다. 거룩한 교회와 죄를 사해주시는 것과 몸의 부활을

루피누스의 사도신경(R의 한 유형)에는 현재 고신총회 수록 사도신경에 있는 "음부에 내려가셨다"는 부분이 제외되어 있다. '천지를 지으신'과 같은 문구가 없다는 점 등 여러 부분에서 현재 우리가 채택하고 있는 공인 본문(T)과는 다른 변형이 발견된다.

마르켈루스의 헬라어 텍스트

루피누스의 라틴어 텍스트(R)보다 60년 이전인 340년에 갑바도기아 앙킬라의 주교 마르켈루스는 로마 공의회에서 교황

유니우스1세에게 헬라어 본문으로 된 고대로마신경을 제출하였다. 비록 헬라어로 되었지만 이 본문은 루피누스의 라틴어 본문과 유사하다. 마르켈루스 헬라어 본문은 17세기 아일랜드의 제임스 엇셔[6]에 의해서 발굴되고 인정되어 유명해졌다.[7] 엇셔 이후에는 이 헬라어 본문을 마르켈루스의 것으로 인정하고 고대로마신경(R)의 헬라어 본문으로 받아들이고 있다.

Πιστεύω οὖν εἰς θεὸν πατέρα παντοκράτορα·

καὶ εἰς Χριστὸν Ἰησοῦν, τὸν υἱὸν αὐτοῦ τὸν μονογενῆ, τὸν κύριον ἡμῶν,

τὸν γεννηθέντα ἐκ πνεύματος ἁγίου καὶ Μαρίας τῆς παρθένου,

τὸν ἐπὶ Ποντίου Πιλάτου σταυρωθέντα καὶ ταφέντα

καὶ τῇ τρίτῃ ἡμέρᾳ ἀναστάντα ἐκ τῶν νεκρῶν,

ἀναβάντα εἰς τοὺς οὐρανούς

καὶ καθήμενον ἐν δεξιᾷ τοῦ πατρός, ὅθεν ἔρχεται κρίνειν

---

6) 제임스 엇셔는 아일랜드 교회의 종교개혁자로서 아일랜드 신앙고백(1615)의 주 작성자로 알려져 있다. 아일랜드 신앙고백은 웨스트민스터 신앙고백에 깊은 영향을 남겼다. 그는 웨스트민스터 총회에 초대를 받았으나 이를 거절하였지만 총회에 미친 신학적 영향력은 결코 적지 않았다.

7) Kelly, *Early Christian Creeds*, 104

ζῶντας καὶ νεκρούς·

καὶ εἰς τὸ ἅγιον πνεῦμα,

ἁγίαν ἐκκλησίαν,

ἄφεσιν ἁμαρτιῶν,

σαρκὸς ἀνάστασιν,

ζωὴν αἰώνιον.

　같은 고대로마신경 계통인 루피누스의 라틴어 본문과 마르켈루스의 헬라어 본문 사이에도 미묘한 차이가 있다. 라틴어 본문에는 없는 "영원한 생명"이 추가되었다. 그리고 "삼 일만에 죽은 자들로부터 부활했다"는 항목 앞에 "그리고"가 추가되었다. 고대로마신경의 대표적인 라틴어와 헬라어 본문 사이에도 이런 차이가 존재할 뿐만 아니라 고대로마신경은 지역에 따라서 매우 다양하게 변형된 본문들이 존재한다. 고대로마신경은 다양한 지방(이탈리아 반도, 발칸, 북부 아프리카, 스페인 등)에서 변형된 형태로 분포되어서 계속해서 나타났다. 이후 신조들은 니케아-콘스탄티노플신조를 따라서 발전하기 시작했기 때문에 고대로마신조는 이후 그 영향력에서 상당히 약화된다.

사도신경 공인 본문(Textus Receptus)

이후 고대로마신경(R)에서 공인 본문(T)으로의 중간적 형태들이 나타난다. 그리고 공인 본문(T)의 가장 초기 형태는 8세기 라인 강 유역을 따라 많은 수도원을 설립했던 선교사 성 프리미니우스(St. Priminius)가 쓴 문헌에서 발견된다. 이 책은 기독교교리의 핸드북 형태로 724년에 기록된 것으로 추정된다. 이외에도 800년대 초 남부 갈리아 지방의 사제들이 사용하던 예전예식서(Sacramentarium Gallicanum)에서도 공인 본문(T)의 원형이 발견된다. 니케아 신조에 비교해서 주변부에 있었던 사도신경이 중세 교회에 의해서 공적으로 사용된 데는 프랑크 왕국의 샤를마뉴 대제의 역할을 간과할 수 없다. 샤를마뉴 대제의 영향으로 11세기와 12세기에 중세 교회 안에서 공인 본문의 공적 사용이 정착된다. 성 이보(St. Ivo)는 사도신경에 관한 설교문을 작성하였다. 교황 인노센트3세는 복된 성찬의 장면을 묘사하는 기록을 남겼는데 미사 중에 사도신경을 인용하였다. 잘 알려진 것처럼 아퀴나스의 토마스도 사도신경에 대한 해설서를 작성할 때 이 공인 본문(T)을 사용하였다. 12세기 이후 공인 본문(T)은 중세 교회에 공적으로 정착되었다는 것을 우리는 위와 같은 실례를 통해서 확인할 수 있다.

사도신경 본문인 고대로마신경(R)과 사도신경(T)의 발전

이제까지 사도신경의 본문의 역사적 흐름을 간략하게 살펴보았다. 사도신경 본문은 크게 고대 교회에서 광범위하게 사용되었던 고대로마신경(R)의 본문과 공인 본문(T)의 두 계열로 형성되어 왔다. 전자는 4-5세기까지 다양한 지역에서 다양한 형태로 사용되다가 니케아 신조가 동방 교회의 신조로 자리 잡으면서 주변부로 밀려났다. 이후 중세 교회에서 공인 본문이 공적 교회의 신조로 자리 잡게 되었다. 이런 과정에서 사도신경 본문은 상당히 다양하게 나타났고 앞서 살펴본 고대로마신경과 공인 본문(T)사이에도 다음과 같은 차이점이 나타난다.

1) '하늘과 땅의 창조주'가 추가됨
2) '그리스도 예수'에서 '예수 그리스도'로 순서 정열
3) '성령과 동정녀 마리아에게서 나셨다'(R)를 '성령으로 잉태되고 동정녀 마리아로부터 나셨다'(T)로
4) 본디오 빌라도 앞에 '고난받으셨다'를 추가
5) '죽으셨다'(mortuus)를 추가
6) '음부에 내려가셨다'를 추가
7) 승천에서 '전능하신'을 추가

8) 교회에서 '공(Catholic)'을 추가

9) '성도들의 교제'를 추가

10) '영원한 생명'을 추가

이런 차이점을 고려한다면 현재 우리가 공인 본문(T)을 받아들이면서 "음부에 내려가셨다"를 제외한 배경을 어느 정도 이해할 수 있다. 어떤 조항은 절대적인 것은 아니라고 보여진다. 다만 사도신경 본문의 형성과 다양함에도 불구하고 우리는 종교개혁자들의 입장을 따를 필요가 있다. 그들은 중세 로마가톨릭교회를 명확하게 반대했음에도 불구하고 공인 본문(Textus Receptus)을 그대로 수용하였다. 이는 종교개혁의 성격을 잘 보여준다. 종교개혁은 새로운 종교를 만들고자 한 것이 아니며 공교회 됨을 끝까지 고수하고자 하였다. 보편 교회를 이탈하는 것이 아니라 보편 교회를 다시 세우고자 한 것이다. 이런 고심의 흔적이 로마가톨릭교회가 공적으로 사용한 바로 그 본문을 그대로 수용한 것이다. 우리도 이런 정신에 따라서 종교개혁자들이 받아들인 본문을 그대로 수용하는 것이 합당한 것으로 판단한다.

3. 사도신경 재번역(시안)

나는 전능하신 하나님 아버지, 천지의 창조주를 믿습니다.

나는 그의 독생자 우리 주 예수 그리스도를 믿습니다.

그 분은 성령으로 잉태되시고 동정녀 마리아에게서 나셨고

본디오 빌라도 치하에서 고난 받으시고 십자가에 달리시고 죽으시고 장사되셨고 음부에 내려가셨으며

사흘 만에 죽은 자들로부터 부활하시고 하늘에 오르셨고 전능하신 하나님 아버지 오른편에 앉아 계시며 거기로부터 산 자들과 죽은 자들을 심판하러 오실 것입니다.

나는 성령을 믿습니다.

나는 거룩한 공교회와 성도의 교제와 죄사함과 몸의 부활과 영생을 믿습니다. 아멘

제2부

-

사도신경 해설

1. 사도신경의 구조

사도신경의 전체 구조에서 먼저 주목할 부분은 사도신경이 세 번의 "믿습니다"(credo)를 골격으로 한다는 점이다. 이는 삼위일체 하나님의 각 위격에 해당된다. 두 번째, "성령을 믿습니다"라는 고백이 가지는 위치이다. 삼위 하나님의 각 위격에 해당되는 이 세 번의 "믿습니다" 중 세 번째인 "성령을 믿습니다"는 매우 짧지만 사도신경을 전반부와 후반부를 연결하고 있다. 성령에 대한 고백은 이 고백에 앞서 있는 성부, 성자에 대한 고백을 교회를 위한 유익으로 연결한다. 사실 성령님은 우리 하나님 아버지의 창조주임을 증거하신다. 그리고 성령님은 예수님의 일과 그분의 인격을 직접 주도하시면서도 동시에 그리스도의 영으로서 그리스도께서 하신 일과 그 유익을 교회에 전달하신다. 따라서 "성령을 믿습니다"라는 고백은 내용이 없는 것처럼 보이지만 사실은 그 앞서 있는 성부, 성자 고백에 뒤이어 나오는 교회와 성도에게 주신 죄사함, 부활, 영생의 은혜를 연결하는 다리의 역할을 한다. "성령을 믿습니다"라는 고백은 위치상 사도신경의 중심에 자리하고 있고 이 고백은 성령이 성부, 성자의 하신 일과 성도를 연결하는 고리이심을 나타낸다. 성령께서는 성부를 증거하고 성자의 일을 함께 이루시며 또한 성부, 성자가 우리를 위해서 이루신 일들과 그 효력을 교회와 몸 된 지체들에 전달하시고 성취하신다. 마지막으로 사도신경의 구조에서 눈여겨 볼 점은 교회에 대한 고백의 위치이다. "거룩한 하나의 공교회"에 대한 고백이 신자 개인에게 주어진 죄사함과 영생의 은혜에 앞서 있다. 성부, 성자, 성령의 은혜를 받는 대상은 일차적으로 교회이며 그리고 교회에 속한 성도들이다. 개인주의적 신앙이 팽배한 시대에 거룩한 공교회에 대한 고백이 죄사함보다 먼저 자리하고 있는 것은 큰 의미가 있다. 교회는 신자의 어머니로서 성도들에게 주신 은혜를 '함께' 누리는 공간이다. 거룩한 공교회에 대한 고백뿐 아니라 "성도의 교제" 또한 무엇보다도 중요한 고백이다. 우리는 한 몸의 지체로 한 믿음 안에서 함께 지어져 간다.

제2부 사도신경 해설 27

2. "나는 믿습니다"

　사도신경에 대한 비판과 도전이 새삼스러운 사실은 아니다. 1438년에서 1445년에 있었던 피렌체 공의회는 당시 서방과 동방 교회의 분열을 극복하고자 서로 회합하였다. 이 때 동방 교회의 대표자들은 사도신경은 두 교회의 통합을 위해서 함께 고백할 신앙고백으로 받아들일 수 없다고 주장했다. 그들은 사도신경의 존재를 부인하면서 만약 이 신조가 존재했다면 사도행전에 기록된 첫 예루살렘 공의회에서 거론되었을 것이라고 주장했다. 4세기까지 그 어떤 공의회도 사도신경을 공적으로 인정한 것이 없다는 것이 이 회합에 모인 동방 교회 대표자들의 주된 주장이었다.[8]

　17세기에 들어서는 루터파 신학자들안에서도 비판이 일어났다. 사도신경이 동정녀 탄생이나 "음부에 내려가셨다"와 같은 구원에 필수적이지 않은 항목들을 담고있기 때문에 그들은 반대하였다. 그리고 정작 있어야 할 원죄, 은혜, 칭의 등의 내용을 담지 않고 있기에 의미 있는 신조로 받아들일 수 있는가에 회의적이었다. 한편, 17세기 개혁주의 신학자인 빋시우스(H. Witsius, 1636-1708)는 사도신경이 근본적으로 중요하지 않는

---

8) Kelly, *Early Christian Creeds,* 4.

믿음의 항목들을 담고 있다고 비판하였다. 예를 들어 그는 "본디오 빌라도 아래서"와 같은 구절이나 "음부에 내려가셨다", 공교회와 성도의 교제에 해당되는 항목들은 핵심적 항목들이 아니라고 보았다. 반대로 죄와 칭의, 하나님을 향한 간구, 새로운 삶의 실천 등은 빠져 있다고 보았다.[9] 나아가 19세기 이성주의의 영향 아래서 사도신경은 평가 절하되거나 새로운 해석, 새로운 텍스트로 구성되어야 한다는 비판에 직면하게 되었다.

이미 종교개혁 당시 에라스무스와 같은 인문주의자들은 사도신경의 기원에 대해서 연구하면서 이를 문제 삼기도 했다. 에라스무스는 열두 사도들이 이를 썼다는 것을 부인하는 결정적인 증거를 제시하였다. 다행히 그는 사도신경이 사도적인 권위와 순전한 교리의 표를 내포하고 있으며 다른 어떤 신조들보다 더 높은 가치를 가지고 있다는 점은 인정하였다.[10] 종교개혁자들은 사도신경을 결코 포기하지 않았다. 중세 로마 교회의 유산이라는 이유로 거절하는 대신에 개혁교회가 믿는 바를 새롭게 하고 예배와 성례를 재정립하는 기초로 삼았다. 루터는 1529년에 쓴 소요리문답에서 사도신경 해설 부분을 고백의 중

---

9) 참고) Hermann Witsius, *Sacred Dissertations on the Apostles' Creed* (Escondido: The den Dulk Christian Foundation 1993)

10) Henri de Lubac, *Christian Faith* (London: Chapman, 1986), 15.

요한 부분으로 받아들였다. 그는 사도신경이 사도들 자신이 쓴 문서이거나 사도들의 제자들에 의해 수집된 증언과 설교 그리고 저작이거나 하는 점은 문제가 되지 않는다고 보았다. 그는 마치 벌들이 아름다운 꽃들로부터 꿀을 모으듯이 사도신경은 성경으로부터 신중하게 수집되었다고 보았다. 사도신경만큼 기독교 진리를 간략하고 명쾌하게 기술하는 것은 불가능하다고까지 칭송한다.[11] 츠빙글리와 칼뱅도 이와 같은 길을 걸었다. 칼뱅은 루터와 함께 그의 첫 기독교강요에서 사도신경을 해설하면서 이를 믿음의 전체와 요약으로 수용하였다. "사도신경은 우리 주님께서 그 분의 말씀을 통해서 제공하시고 전수해주신 전체의 요약(summa)이며 머리이다"[12] 이런 칼뱅의 정신을 따라서 우리가 잘 알고 있는 하이델베르크 요리문답 22문답은 다음과 같이 말하고 있다.

하이델베르크 요리문답 22문답
"그러면 그리스도인은 무엇을 믿어야 합니까?"
답 "**복음에 약속된 모든 것을 믿어야 합니다.** 이 복음은 보편적이고 의심할 여지없는 우리의 기독교 신앙의 조항들인 **사도신**

---

11) Martin Luther, *LW vol 41* (Weimar, 1910), 275.
12. John Calvin, *CO I*. 56.)

경이 요약하여 가르쳐 줍니다."

　우리는 외부로부터 주어지는 사도신경에 대한 계속되는 의문과 비판을 극복하면서 종교개혁자들을 닮아 사도신경의 본래적 의미를 회복해야 한다. 그래서 정작 매주일 예배에서 사도신경을 반복적으로 암송하고 있는 우리 자신은 문제가 없는가 하는 것을 스스로 물어야 한다. 왜 예배 중에 사도신경을 고백해야 하는가? 사도신경을 당연한 어떤 것으로 받아들이고 있지만 정말 사도신경을 우리의 표증(symbolum)[13]으로 받아들인다는 의미를 이해하고 있는가? 사도신경을 고백하는 교회와 성도는 그렇지 않는 교회와 무슨 차별이 있는가? 사도신경을 고백하는 것은 끊임없이 교회를 새롭게 세워가시는 그리스도의 일에 어떻게 복무할 수 있는가? 매주 입으로는 고백하는 사도신경에 관한 교회에 내재하는 이런 질문들은 사도신경을 습관적으로 암송하는 차원을 넘어서 더 포괄적이고 깊은 측면에서 접근하고 연구해야 함을 알게 해 준다.

---

13) 314년 아를(Arles) 총회에서 처음으로 신조(symbolum)라는 단어가 등장하였다. "어떤 이가 이단 공동체에 속하였다가 교회로 넘어오게 되었을 때 교회는 그에게 그의 고백을 물어야 합니다. (interrogent eum symbolum) 그가 성부, 성자, 성령의 이름으로 세례받기 위해서 온 것을 알도록 말입니다."

사도신경, 믿음의 고백

사도신경의 첫 구절은 "나는 믿습니다"로 시작한다. 이 첫 구절에 대한 이해는 사실상 우리 믿음의 전부를 포함한다. 사도신경은 단지 교리 항목을 모아 놓은 생명 없는 문서가 아니다. 우리의 믿음과 생활 그리고 교회의 모든 면이 사도신경 안에 총체적으로 종합되어 있다. 교회 건설, 성도의 실질적인 전인격적 변화 나아가 창조세계 전체의 변혁과 연관되지 않은 채 사도신경의 항목들만을 따로 떼서 생각하는 것은 사실상 의미가 없다. 사도신경을 단지 예배 때 한번 읊조리는 형식적인 문서에 한정시키는 현실이 계속되는 한 사도신경을 해설하는 것은 그 어떤 의미도 확보하지 못할 것이다.

경건의 전체로서 사도신경의 함의는 잊혀진 것이 사실이다. 소위 열린 예배의 유행은 그나마 형식적으로 반복되었던 예배 중의 사도신경 고백을 도외시해버렸다. 세례가 약화되면서 사도신경이 그리스도인의 증표가 된다는 실재성도 상실되었다. 예배와 성례의 기초인 설교와 가르침을 통해서 사도신경에 압축된 성경에 충실한 고백을 있는 그대로 전수하고자 했던 종교개혁자들의 구상도 잊혀졌다. 이런 현상은 사도신경 속에 담긴 의미나 이 고백을 통해서 무엇이 실현되고 있는가를 간과한 결과이다.

사도신경을 해설하는 일은 각 항목을 설명하는 작업과 더불어 원래 사도신경이 출현했던 교회적 상황에 대한 재 고찰을 요구한다. 사도신경은 내용상 성경과 고대 교회의 설교와 일치한다. 설교의 핵심적 내용들이 사도신경 정립의 기초가 된다. 뿐만 아니라 세례를 받기 위한 준비과정 교육, 예배 중 세례 시행과도 사도신경은 매우 긴밀하게 연관되어 있다. 그리고 사도신경은 예배의 일부로 자리 잡으면서 예배를 규정하고 개혁하는 부분과도 함께 자리하게 되었다. 따라서 사도신경은 단지 예배 때 한 번의 순서에 불과하거나 예배의 변두리에 있는 것이 아니라 예배로 모인 교회 전체를 규정하는 중심적 지위를 가진다. 우리는 이런 사도신경이 원래 가졌던 총체적인 측면들을 복원하면서 사도신경을 중심으로 성도와 세상을 새롭게 하는 중요한 지렛대로 이를 삼아야 한다. 따라서 사도신경 고백과 이에 대한 해설은 교회 개혁의 원천으로서 사도신경의 위치를 재확립하는 것과 동반되어야 한다.

한스 리츠만은 "예외없이 모든 신조들은 세례 받는 자에 의해서 고백된 그리고 그의 세례와 함께한 청중들이 함께 수용한 믿음의 고백문에 뿌리를 두고 있다"[14]고 주장했다. 굳이 그의

---

14) Hans Lietzmann, *Die Anfänge des Glaubensbekenntnisses,* 226.

주장을 인용하지 않더라도 사도신경은 세례 집례와 불가분의 관계를 가진다. 그러나 사도신경이 세례와만 연결되는 것은 아니다. 따라서 사도신경을 단지 세례의 관점에서만 조명하는 것은 지나치게 협소한 시각이다.

사도신경의 구조는 각각 삼위 하나님을 믿는 세 번의 '믿습니다'가 골격을 이루고 있다. 사도신경의 초기 본문들은 '내가 믿습니다'(credo)와 '당신은 믿습니까?'(credis)라는 두 개의 믿음 문장의 형태를 띤다. '당신은 믿습니까?'라는 질문형태는 사도신경이 세례 집례 시에 사용되었다는 증거가 된다. 성부, 성자, 성령의 한 이름(마 28:19)안으로 세례 받는 것을 반영하여 삼위 하나님 곧 성부, 성자, 성령에 해당되는 세 번의 '당신은 믿습니까?'를 묻고 세례를 받는 자는 '나는 믿습니다'(credo)라고 대답하게 된다. 일차적으로 사도신경은 세례 집례 시 묻고 서약함으로써 한 인격이 완전히 삼위 하나님의 은혜 안으로 옮겨지게 됨을 인치는 징표가 되었다.

그러나 세례 받는 자는 세례 집례 때 대답을 위해서 오랜 기간 사도신경으로 고백하는 의미를 배우며 또한 이 서약에 근거한 삶의 증거를 요구받는다. 고아와 과부를 돌아보는 선행의 구체적인 증거를 통해서 자신이 사도신경을 입으로만이 아니라 전 인격으로 고백함을 교회를 통해서 점검받는다. 고백과 삶의 총체성이 사도신경을 통해서 요약된다. 사도신경은 세례를 받는 자에게 가르침으로 반복되며 집중적이고 반복적으로 그 의미를 묻게 되며 세례를 받는 사람은 사도신경에 담긴 내용을 배우게 된다. 따라서 사도신경은 세례를 받기 위한 교육 곧 교회의 가르침의 내용이 되었다.

한편으로 세례는 예배 때 이루어진다. 예배는 세례를 베푸시는 진정한 주체인 삼위 하나님께서 자신을 주시는 자리이다. 삼위 하나님께서 부르셔서 베푸신 구원의 일을 선포하시면서 이 구원을 받고 동참할 자로서 자기 백성을 빚어주시는 현장이다. 삼위 하나님은 설교와 강복선언으로 이 복을 베푸시며 그 복의 내용은 사도신경으로 요약된다. 따라서 사도신경은 설교와 강복선언의 내용으로 예배 중에 봉사하시는 삼위 하나님의 은혜를 함축하고 있다. 세례 집례뿐 아니라 모인 회중 모두는 사도신경을 통해서 삼위 하나님 편에서 하신 일과 베푸신 복을 다시 하나님께 돌려드리면서 삼위 하나님께서 자기 거처로 삼으시는 교회의 지체됨을 확인한다. 따라서 사도신경은 예배와 예배 중의 설교, 강복선언 그리고 찬송과 기도, 송영의 전체를 모두 포괄하고 있다. 따라서 '나는 믿습니다'라는 사도신경의 세 번의 구조와 그 전체적인 내용은 세례와 성찬 그리고 예배와 설교, 가르침의 전체적인 그림 속에서 이해되어야 한다.

사도신경과 세례

고대교회에서 사도신경과 세례의 연결성을 보여주는 수 많은 예들이 있지만 여기서는 유스티누스, 이레니우스 그리고 고대 로마신경의 가장 초기 형태를 전해준 히폴리투스의 예만 제시하도록 하겠다.

유스티누스

2세기 중엽의 저작에서 유스티누스는 세례의 정황을 다음과 같이 설명한다.

우리의 가르침과 설교가 진리라고 믿는 모든 사람들은 그것에 따라서 살것을 약속하며 기도한다. 그리고 자신의 과거의 죄를 사해주실 것을 하나님께 금식하며 기도하도록 권고를 받는다. 우리도 함께 기도하고 그들처럼 금식했다. 그리고 우리가 했던 것처럼 물이 있는 장소로 초대받아서 중생의 형태로 새롭게 태어나게 된다.

이 문맥에서 "아버지이면서 온 우주의 주되신 하나님과 구원자 예수 그리스도 그리고 성령의 이름으로 물 안에서 정결케 하는 씻음을 받는다." 그리고 여기에 더해서 추가적인 설명이 나오는데 "본디오 빌라도 아래서 십자가에 못 박히신 예수의 이름과 선지자들을 통해서 전에 예수와 관련된 것을 말씀하시던 성령의 이름으로"를 덧붙여 이 사람이 성부 하나님의 깨닫게 해 주심 안에서 씻음 받음을 선언한다.[15]

이레니우스

교회는 땅끝까지 온 세상에 흩어져 있지만 사도들과 그들의 제자들로부터 전능하신 하나님 아버지와 우리의 구원을 위해서 성육신하신 하나님의 아들 그리스도 예수 그리고 성령을 믿는 믿음을 받은 자들은 하나의 교회이다.

이레니우스는 교회의 하나 됨이 한 분이신 삼위 하나님을 고백하는 사도적 믿음에 있다는 것을 강조한다. 그리고 이어서 이 믿음의 내용으로써 동정녀에게서 나신 그리스도, 그의 고난과 부활 그리고 승천, 모든 인류의 부활과 심판을 위해서 재림하시는 것을 제시한다.

이레니우스가 제시하는 내용은 사실 사도신경과 유사하다. 그는 이 내용이 게르마니아, 스페인, 켈트 그리고 이집트와 모

---

15) Jutinus, *Apologia*, I. 61

든 동방의 교회들의 같은 고백임을 강조한다. 따라서 그에게 교회의 일치는 사도적 신앙을 고백하는 교회의 하나 됨을 의미한다. 이레니우스는 이를 세례와 연결한다. "우리가 세례를 통해서 받는 진리는 다음 세 부분으로 이루어진다. 하나님 아버지는 아들 안에서 그리고 성령의 능력 안에서 우리를 은혜로써 거듭나게 하신다."[16]

히폴리투스

세례 때에 다음과 같이 묻는다.

당신은 전능하신 아버지 하나님을 믿습니까?

당신은 그리스도 예수를 믿습니까?

그 분은 동정녀 마리아에게서 성령을 통해서 나셨고 본디오 빌라도 아래서 십자가에 못박히시고 죽으시고 사흘만에 죽은 자들 가운데서 다시 살아나시며 하늘에 오르시고 하나님의 오른팔에 앉으셨습니다. 그리고 살아있는 자와 죽은 자들을 심판하러 오실 것입니다.

당신은 성령을 믿습니까?

---

16) Irenaeus, *Adv. Haer. I*. 10

그리고 거룩한 교회와 육신의 부활을 믿습니까?[17]

히폴리투스에 의하면 세례를 받는 사람은 각각의 물음에 "나는 믿습니다(credo)"라고 고백하고 세 번 물에 잠긴다. 그러나 이 물음은 단지 세례를 받기 전에만 이루어지는 것이 아니다. 예배 전과 예배의 전반부에서 그리고 세례를 준비하는 과정에서도 거듭 이루어졌다. 이 과정에서 세례를 받는 사람은 단지 앞서 말한 항목에 동의를 표시하는 정도가 아니라 스스로 이 신조와 완전히 일치되는 더 높은 차원의 훈련으로 인도되기도 하였다. 어쨌든 세례를 위한 문답은 단지 입으로만 하는 동의에만 머무르지 않도록 신조와 일치(Redditio Symboli)하는 인격을 추구하였다. 사도신경 본문은 이처럼 세례를 받는 과정에서 세례 받는 자들에게 질문하는 신조들로써의 형성되었지만 단지 세례 때의 질문 문항으로서만이 아니라 세례를 받기까지 모든 과정과 세례가 집행되는 예배를 전체적으로 지배하는 살아있는 신앙고백이다. 신조는 곧 표증(signum)을 의미하고 한 신앙 인격 전체를 규정하는 표로 인식되었다.

---

17) Hippolitus, *Epistola ad Diognetus.* 69, 7

사도신경과 예배

8세기 초 신성로마 제국의 샤를마뉴 대제는 자신이 통치하는 영토 내의 모든 신자들이 사도신경을 배우도록 의무화하였다. 이런 정치적인 영향력으로 인해서 현재의 프랑스 지역 전역(당시의 갈리아)이 사도신경을 예전에 사용하게 되었다. 기록으로는 12세기부터 사도신경의 본문이 모든 교회의 세례성사에서 사용하도록 공식화되었다.[18] 고대 교회의 세례와 예배에서 사용되었던 사도신경이 12세기 중세 교회의 세례 성사 예배에서 사용되도록 다시 공식적으로 정해진 것이다.

16세기 종교개혁자 츠빙글리는 1525년 예배모범에서 공예배 시 사도신경을 사용하도록 하였다. 많은 종교개혁자들은 츠빙글리의 예를 따랐다. 칼뱅은 스트라스부르에서 목회하면서 채택한 예배모범(1541년)에서 사도신경에 리듬을 붙여 노래로 부르도록 하였다. 반면에 제네바에서 채택한 예배모범(1542년)은 노래가 아닌 말로써 고백하도록 하였다. 다양한 형태로 사도신경을 사용했지만 반드시 공예배에서 사용하도록 하였다. 다만 칼뱅의 경우 예배 중 사도신경을 고백하는 위치가 독

---

18) L. Doekes, *Credo, Handboek voor de Gereformeerde Symboliek* (Amsterdam: Ton Bolland, 1979), 18.

특하다. 그는 설교와 성찬 중간에 사도신경을 위치시켰다. 칼뱅은 사도신경 고백이 바로 앞에 위치한 설교의 결론으로 이해하였다. 사도신경이 짧지만 성경 전체의 복음을 종합한 것으로 보았기 때문이다. 동시에 사도신경은 성찬을 여는 것이다. 사도신경으로 설교가 압축되었다면 이제 성찬이라는 다른 방향을 향해서 그 압축된 설교가 펼쳐지는데 바로 이 연결지점에 사도신경 고백이 위치한다.

이때 사도신경은 회중의 고백으로 현존한다. 회중은 함께 설교를 들으면서 현장에 모인 교회로 형성된다. 설교 중에 삼위의 부르심을 함께 경험한 회중은 성찬에서 주시는 그리스도의 생명에 함께 참여하면서 하나 됨의 의미를 다시 한번 확인한다. 그렇기 때문에 사도신경을 고백하는 것은 설교에 나타난 복음 전체를 수용하고 설교가 삼위 하나님의 부름과 그분과의 사귐으로의 초대임을 고백하는 것이다. 다른 한편 사도신경 고백으로 성찬을 열면서 이 사귐의 생명을 함께 누리는 것이다.[19]

중세 로마가톨릭교회는 단지 세례성사와의 연관성 속에서만 사도신경을 사용했다. 츠빙글리부터 종교개혁자들은 이와는 달리 공예배 중의 사도신경 사용을 단지 세례와의 연관성에서

---

19) T. Brienen, *de liturgie bij Johannes Calvijn* (Kampen: De Groot Goudriaan, 1987), 222.

만 이해하지 않았고 그 의미를 확장하였다. 칼뱅은 1542년 예배 모범의 서문에서 우리의 영적인 회합(공예배)의 총합은 하나님 말씀의 설교, 공기도 그리고 성례의 시행이라고 규정하였다.[20] 여러 다양한 형태의 변형은 모두 이 세 가지 일로 압축되고 예수 그리스도의 교회의 모든 예배는 이 세 가지를 기초 형태로 두어야 한다고 보았다. 칼뱅은 이 세 가 중에서 설교를 예배의 최고의 지점으로 본다. 하나님의 진리로 가르침을 받는 것이 최우선이다. 루터와 츠빙글리로부터 시작된 종교개혁의 이런 전통은 칼뱅에서도 동일하게 확인된다. 설교와 더불어 예배의 두 번째 기둥은 성례이다. 사실 설교와 성례를 들리는 말씀과 보이는 말씀이라고 할 만큼 서로 짝을 이룬다. 동일하게 삼위 하나님이 은혜를 주시고 그 은혜를 받고 누리며 표하는 것이다. 사도신경의 고백은 이 은혜를 함축하고 이 은혜의 실체를 증거한다. 따라서 사도신경은 사실상 예배 전체에서 나타나는 삼위 하나님의 살아있는 은혜를 증거하며 이를 실현하는 수단이 된다. 동시에 이는 회중의 응답이기도 하다. 삼위의 은혜를 고백하면서 이 고백으로 삼위의 은혜에 동참한다. 은혜의 실체 속에 참여하며 그 은혜를 자신의 것으로 수용한다. 칼뱅은 종교개혁이 추구한 예배의 두 기둥인 설교와 성찬 사이에

---

20) Corp. *Reform.* VI p. 165

사도신경을 고백하게 함으로써 이런 실체를 증거 하고자 하였다. 따라서 사도신경은 반드시 예배 중에 사용되어야 한다. 그리고 단지 사용할 뿐 아니라 사도신경을 통해서 예배의 모든 구성 요소들이 하나로 통합되어 있다는 사실도 함께 인식되어야 한다.

세례의 문맥 외에도 신약성경에는 사도신경과 유사한 형태로 공예배 중에 형성된 교의들을 직접적으로 보여준다. 시인, 고백, 증거, 믿는 도리로 번역된 호모로기아(homologia)는 사도의 가르침을 받아 에베소 교회를 봉사한 디모데(딤전6:12)와 승천하신 대제사장을 향하여 사는 성도가 굳게 붙들어야 하는 믿음의 내용(히4:14)이었다. 바울은 이 고백의 핵심 중 하나로 사도신경의 한 부분인 '예수는 주(kurios)'를 언급한다. 예수를 주로 고백함이 곧 구원이다(롬10:9). '예수는 주'라는 원초적인 교의는 예수를 향한 전형적인 찬양시의 결론이자 이 고백으로 하나님 아버지께 영광을 돌리는 예배의 핵심이다(빌2:10-11).

고린도 교회는 한 교회로 함께 모일 때 성찬이 있었다(고전11:18). 모이는 것은 (시편)찬송, 성경 낭독, 설교가 있는 예배를 의미하였다(고전14:26). 고린도 교회의 예배 속에는 다양한 사역과 다양한 일을 수행하는 직분이 있었다(고전12:4-6). 예배 중에 일어나는 이 모든 다양함은 성령님께서 전적으로 주장하시는 일이다. 예배 속에서 성도들은 무엇보다도 성령께서 하시는 일 곧, 성령적인 것을 사모해야 한다(고전14:1). 예배 중에 성령님께서 하시는 일의 대 주제, 그 시작과 목표는 사도신경에 나타난 '예수는 주'라는 교의로 향한다(고전12:3). '예수는 주'라는 고백은 주로 고백된 이 분이 성부 하나님과 동등한 영광을 가진 분, 같은 송영을 받을 수 있는 하나님이심을 의미하였다(딤후4:18, 벧후3:18, 주(중략)에게 영광이 세세무궁토록 있을지어다). 기초적인 교의의 축적은 4세기 삼위일체 논쟁에서 '동등본질(호모우시오스)'이라는 교의적 진술로 정리되었다. '본질'과 같은 철학적 용어를 불가피하게 사용했지만 이는 성경에서부터 시작된 교의적 진술들에 기초를 두고 있다. 성경에서 말하는 고린도 교회를 비롯한 고대 신약 교회를 통해서 우리는 사도신경이 세례뿐 아니라 성찬, 설교, 찬송으로 이루어지는 공예배의 한 가운데서, 교회를 세워져 가는 현장에서 나온다는 사실을 알게 된다.

사도신경과 설교, 가르침

칼뱅은 공예배 중 사도신경 고백을 설교와 성찬 사이에 위치시켜 사도신경이 성경의 요약이며 모든 설교의 잣대가 된다는 사실을 잘 보여준다. 예배의 설교는 삼위 하나님의 구원의 일을 증거하며 사도신경의 고백은 삼위의 구원의 일이 교회를 통해서 이루어 가실 것을 소망하는 것이다. 회중은 공예배 중 사도신경을 고백함으로써 이 고백에 합당하게 가르치고 살아야 함을 받아들인다.

하나의 거룩한 공교회에는 보편적 가르침이 있어야 한다. 다시 말해 보편적 가르침이 보편적이고 하나인 공교회를 증거한다. 보편적 가르침의 기초는 사도적 증언인 성경으로부터 나온다. 사실 고대 교회가 공적이고 규범적이며 보편적으로 고백한 신앙의 규범(regula fidei)은 타락한 인간을 구원하시는 삼위일체 하나님에 대한 고백이었다. 오리게네스는 기독교 역사에서 기독교 신앙을 조직적, 체계적으로 설명한 최초의 저술인 원리론에서 다음과 같이 신학을 말한다. "인간은 성부 하나님께로부터 존재를 부여받고, 말씀이신 성자를 통하여 이성적 존재가 되며, 성령 하나님으로 말미암아 거룩한 존재가 되어 하나님의 의로움인 그리스도를 맞아들인다".[21] 아우구스티누스는 신국론에서 신학을 "신성에 대한 숙고 혹은 설명"이라고 정의한다.[22] 이러한 신학의 내용은 추상적인 신학적 토론과 논쟁이 아니라

---

21) 오리게네스, 『원리론』, 337-338.
22) 아우구스티누스, 『신국론』, 8권 1장.

예배 중에 삼위 하나님의 구원의 큰 일(magnalia Dei)을 설교하고 교훈하며 거기에 합당한 삶을 살도록 촉구하는 설교 말씀(narratio)과 이에 대한 회중의 응답으로써 하나님의 큰 일을 찬양하고 탄원하며 기도하는 송영(doxologia)로부터 기원하였다.[23] 이런 설교와 송영의 내용의 요약이 곧 사도신경으로 정착되었다.

공예배 중의 설교와 믿음의 응답을 강조한 것은 누구보다도 종교개혁자 루터였다. 성육신 하신 로고스(Word)와 그 로고스가 설교에 의해서 뿌려지는 것이 모두 우리가 아는 말씀의 개념 속에 포함된다. 따라서 설교는 그리스도 자신이 비처럼 뿌려지는 것이다.[24] 루터는 로고스(the Word)인 그리스도와 설교 말씀을 믿는 그리스도인의 연합을 아타나시우스의 표현과 함께 다음과 같이 정리한다. "말씀(the Word)은 육체가 되셨다. 그것은 육체가 말씀(the Word)이 되게 하기 위해서이다. 그래서 하나님이 사람이 되셨다. 왜냐하면 사람이 하나님이 되게

---

23) Basil Studer, Trinity and Incarnation: the Faith of the Early Church (Edinburgh: T&T Clark, 1993), 23-24.
24) Julius Köstlin, *the Theology of Luther: in Its historical Development and Inner Harmony vol.1.* (Philadelphia: Lutheran Publication Society, 1897), 127.

하기 위해서이다."[25] 그리스도인은 그리스도와 믿음 안에서 연합한다. 믿음 안에서 그리스도가 행하시고 고난 받으시는 것은 모두 그리스도인의 것(소유)이다. 하나님의 감당할 수 없는 선하심이 우리를 향하시는 것이다. 그리스도 안에서 하나님 편에서 하나님으로부터 우리를 향해 오시는 방향성이다.[26] 이 일은 말씀이신 그리스도께서 자신을 주시는 설교라는 사건 속에서 실현되고 우리는 믿음으로 의롭게 되어 의롭게 하신 삼위 하나님을 그리스도 안에서 믿음으로 고백하게 된다. 보편교회의 공예배는 성경을 설교하는 것과 이에 대해 응답하는 신앙 고백이 교차한다. 예배라는 언약의 갱신 사건 속에서 설교와 이에 대한 응답인 고백이 일치하며 이 현장에서 성경과 고백은 하나의 목적을 향한다.

신앙의 규범으로서 사도신경은 설교 중 삼위 하나님의 초대에 대한 응답이지만 때로 설교를 위한 규범의 역할을 감당하기도 한다. 사도신경은 성경을 읽고 설교하고 가르칠 때 성경 전체(tota scriptura)의 구도와 지향(scopus)를 보여주는 역할을 감당하였다. 로마서 12장 6절에서 바울은 예언 곧 말씀의 사

25) Martin Luther, *Luther's Works.* ed. by Jaroslav Pelikan. (Philadelphia: Fortress Press) vol. 11, 423.
26) Erich Vogelsang, *Der angeforchtene Christus bei Luther* (Basel: De Gruyter, Reprinted in 2012), 102.

역을 '믿음의 분수'대로 해야 한다고 말했는데 이것이 전통적인 용어인 '신앙의 규범'(analogiafidei)으로 정착되었다. 특별히 1-3세기 초대교회의 신앙의 규범은 크게 세 가지 측면을 가지고 있다. 1) 교회의 실천(세례, 성찬, 요리문답 등)에서 나온 믿는 바의 요약 2) 기독교 교리적 진리로 성경을 해석하는 잣대 3) 이단의 가르침으로 정통 신앙을 구별하는 기준.[27]

2세기 영지주의자들과 논쟁했던 이레니우스는 신앙의 규범으로서의 사도신경의 역할을 잘 보여준다. 영지주의자들은 구약과 신약을, 이스라엘의 하나님과 예수그리스도 안에서 자신을 계시하신 하나님을 충돌되는 것으로 대비시켰다. 이레니우스는 성경 읽기를 모자이크 작업으로 비유하면서 이 작업에는 반드시 모자이크 조각들을 배열하는 열쇠가 있어야 한다고 보았다. 영지주의자들은 이 열쇠를 생각하지 못하고 파편화된 개별 본문에만 집중했기 때문에 잘못된 전체 모자이크 작품을 만들고 말았다. 성경 읽기에 필요한 열쇠는 신앙의 규범이 제공하며 이를 따라 성경의 개별 본문들을 배열해야 그리스도라는 성경의 통일적인 모자이크가 이루어진다는 것이다. 영지주의자들은 똑같은 성경이라는 모자이크의 조각들을 사용했지만

---

27) Paul. M. Blowers, "Regula Fidei and the Narrative Character of Early Christian Faith," *Pro Eccelesia* Vol. VI, (No. 2) 201.

개나 여우를 만들고 말았는데 이유는 신앙의 규범이 없었기 때문이다.[28]

사도신경은 성경에서 나왔고 성경의 요약이다. 그러나 어떤 측면에서는 사도신경은 규정된 규범으로서 설교와 교회의 가르침을 판단하는 유익을 준다. 계몽주의 이후 성경비평은 1)성경 해석에서 하나님이 아닌 인간 저자의 의도 2)성경해석의 결과와 무관한 채 배제된 냉담한 독자 그리고 3)객관적이고 분리된 진리라는 세 기둥에 의존했다고 볼 수 있다.[29] 설교를 위한 성경 연구자는 백지상태(tabularasa)에 있는 중립적 인격이 아니다. 개인의 제한성과 주관성 속에서 성경을 읽는다. 성경 독자는 다양한 종류의 규범에 영향을 받는 존재이다. 신앙의 규범으로서 사도신경은 성경을 읽고 가르치고 설교하는 사람의 주관성을 신앙고백에 합당한 출발점에 서도록 건강하게 이끈다. "개혁주의는 성경 해석에 있어서 개혁주의 신앙고백의 손에 붙들려야 한다."[30] 아브라함 카이퍼는 이런 문맥에서 사도신경과 같은 신앙고백이 성경을 설교하며 가르치는 모든 사람들

---

28) Irenaeus, *Against Heresis I*, 8, 1.
29) Jens Zimmermann, *Recovering Theological Hermeneutics; An Incarnational-Trinitarian Theory of Interpretation* (Grand Rapids: Baker, 2004), 24.
30) Kuyper, *Encyclopaediae der heilige Godgeleerheid* II, 518.

에게 중요한 잣대가 될 수 있음을 강조한다.

사도신경과 교회건설

　교회 세움은 그리스도의 일이 실현되는 목적이다(엡4:7-13). 예수님께서는 사도적 증언 위에 내 교회를 세우시겠다고 약속하셨고(마16:16-18) 이는 세례를 주고 예수님의 모든 명령을 가르치고 지키게 하는 제자삼음으로 구체화되었다(마28:19-20).

　예수님께서 이 '반석' 위에 내 교회를 세우시겠다고 말씀하셨을 때 '반석'은 베드로 개인처럼 보이지만 사실은 베드로를 대표로 하는 사도들이다. 그러나 인간인 사도들이 중요한 것이 아니라 오순절 성령께서 오신 이후 이들이 설교한 사도적 증언이 사실 '반석'이다. 곧 교회를 세우는 반석은 사도적 증언을 기록한 성경이다. 사도신경은 사도적 증언인 성경을 요약하고 있기 때문에 간접적인 의미에서 반석이 될 수 있다. 동시에 사도신경은 우리 믿음의 고백이다. 우리의 믿는 바 그 내용을 요약하고 있다. 우리의 믿음은 우리 자신의 주관적 신념이 아니라 성경을 믿는 것이다. 그리고 성경이 증거하는 삼위 하나님의 구원의 큰 일과 그 언약을 신뢰하는 것이다. 교회는 사도적 증언과 그것을 믿는 믿음 위에 세워진다. 교회는 믿음의 공동

체이다(웨스트민스터 신앙고백 25장 1). 따라서 우리의 믿음을 담고 있는 사도신경을 예배와 가르침 그리고 교회적 삶의 기초로 삼을 때 교회는 반석 위에 세운다고 유추할 수 있다.

그리스도의 몸인 교회는 예배 중에 세운다(고전14:3,12[31]). 예배 전반을 관통하고 있는 설교와 가르침 그리고 우리의 응답인 찬송과 고백, 기도는 사도신경에 요약되어 있다. 따라서 사도신경은 예배를 통한 교회 건설의 중심이자 그 내용이다.

사도신경은 세례와도 긴밀히 연관된다. 자기 교회를 세우시겠다고 하는 약속(마16:16)하신 예수님은 지상명령을 통해서 세례를 명하셨다(마28:19). 이미 살펴 본 것처럼 세례 때의 고백은 곧 사도신경이었다. 따라서 사도신경은 지상명령인 세례와 항상 함께 고백되고 증거 된다. 예수님의 지상명령은 세례와 함께 모든 것을 가르쳐 지키게 하라는 명령으로도 나타난다. 사도신경은 교회의 가르침과 그 응답을 동시에 요약하고 있다. 따라서 사도신경을 따라서 가르치고 그에 합당한 삶을 실현하는 것은 예수님의 지상명령을 현재의 교회가 성취해 가는 중요한 표징이다.

이처럼 사도신경은 예수님의 교회 건설의 약속과 이를 실현

---

31) 개역개정 성경은 '덕을 세우며'라고 번역하고 있으나 정확한 번역은 '(교회를) 세우다'(오이코도메오)로 봐야 한다.

하는 지상명령과 긴밀히 연관된다. 교회 건설은 사도신경을 올바로 사용하는 데서 실현되고 전진한다.

3. 나는 전능하신 하나님 아버지, 천지의 창조주를 믿습니다

나는 창조주를 '믿습니다'

창조주 하나님을 고백하는 것은 근본적으로 과학의 문제가 아니라 믿음의 문제이다. "믿음으로 모든 세계가 하나님의 말씀으로 지어진 줄을 우리가 아나니 보이는 것은 나타난 것으로 말미암아 된 것이 아니니라."(히11:3).창조주에 대한 신앙은 진화론이라는 유사 과학적 주장으로 반박될 수 없다.[32] 진화론은 과학적 주장과 종교적 신념이 복합된 것이다. 다른 한편 진화론을 반박하고 하나님의 창조를 증명하고자 하는 다양한 시도는 의미가 있다. 창조주 하나님을 부인하고자 하는 다양한 과학적 주장을 반대하면서 우리가 믿는 창조주 하나님에 대한 고백을 과학의 방면에서 끝까지 고수하려는 그리스도인들의 노

---

32) 다윈의 진화론의 기초가 된 프랑스 생물학자 J. B. de Lamarck (1744-1829)의 종들의 교차나 영국의 생물학자 H. Spencer (1820-1903)의 적자 생존과 같은 주장은 전반적으로 생물체의 '진화'를 자연법칙으로 규정하려고 하였다. 19세기는 생물학뿐 아니라 역사, 사회, 경제에 대한 '발전' 혹은 '진보'가 지배적인 세계관으로 자리잡았다. 헤겔의 변증법적 철학, 공산주의, 역사낙관주의 등이 모두 진화론과 같은 시기에 출현하였다. 따라서 토마스 쿤의 『과학혁명의 구조』라는 저서를 통해서 이를 진단해 보자면 진화론은 일종의 패러다임(padadigm)이며 이는 동시대의 다른 과학이나 학문에서 지배적이었다는 것을 알 수 있다.

력은 지속되어야 한다. 그러나 궁극적으로 창조주 하나님에 대한 고백은 과학의 문제, 곧 과학의 증명이나 과학적 가설들에 지배받을 수 없다. 창조주 하나님에 대한 고백은 우리 믿음의 문제이다.

우리는 창조주 하나님을 믿기 때문에 세상과 교회의 이원론을 경계해야 한다. 창조주 하나님은 하늘과 땅, 우주의 그 어떤 한 치도 그 분의 주권 아래 두고 계시다. 죄와 타락, 그리고 그 결과물들과 마귀가 우는 사자와 같이 두루 다니며 삼킬자를 찾지만 사탄조차도 하나님의 통제와 허용 속에서 있다는 점을 잊지 말아야 한다(욥1:12, 2:6). 교회는 세상과 단절하거나 세상과 분리되어 지나친 분파주의에 빠져서는 안 된다. 창조주를 믿는 신앙은 교회와 세상의 구분된 영역을 인정하면서도 궁극적으로 피조세계가 모두 하나님께 속한 것이기 때문에 이원론을 거부하며 죄와 타락에 빠진 세상 속에서 피조세계의 회복을 위한 명령을 잊지 않는다(창1:27-28).

나는 '전능하신' 창조주를 믿습니다

시편 기자로서 다윗은 우리에게 있는 유일한 도움을 구할 때 "천지를 지으신 여호와의 이름에 있도다"(시124:8)라고 여호와 하나님을 부른다. 다른 시편에서도 "나의 도움이 어디서 올까" 하고 물은 시인은 나의 도움은 "천지를 지으신 여호와에게서로다"(시121:2)고 말한다. 천지를 지으신 여호와를 믿는 것은 우리의 유일한 도움이 어디에 있는지를 고백하는 것과 깊이 연관되어 있다. 모세 오경의 시작인 창세기는 태초에 하나님이 "천지를 창조하시니라"고 시작한다. 창세기의 기록자인 모세는 이 첫 구절을 기록하면서 출애굽의 역사를 이루신 전능하신 창조주 하나님을 고백하고 있다. 여호와 하나님께서는 자기 백성을 애굽 땅 종 되었던 집에서 인도하여 낸 언약의 하나님이다. 언약의 여호와 하나님께서는 제4계명을 주시면서 엿새 동안 "하늘과 땅과 바다와 그 가운데 모든 것을 만드신 하나님"을 안식과 더불어 누리도록 명하신다.

여호와 하나님은 종 되었던 자기 백성을 건져 내실 때 직접 창조하신 피조세계에 부여하신 질서를 스스로의 전능으로 흔드신다. 이는 애굽의 바로를 향한 전능자의 시위이다. 하나님께서 빛을 창조하시면서 흑암을 밤이라는 자리에 위치시키셨다. 하나님의 전능하심으로 원래 있었던 흑암(창1:2)은 있어야 할 질서 속에 하나님의 통제 아래 놓인다. 출애굽의 아홉 번째 재앙에서 하나님께서는 애굽 땅 위에 3일 동안 흑암이 있게 하셨다(출10:22). 그러나 온 이스라엘 백성들이 거주하는 곳에만 빛이 있도록 하셨다. 하나님께서는 엿새 동안의 창조를 통해서 밤이라는 위치에 두셨던 흑암을 빛이 있는 낮에 있게 하셨다. 이것의 목적은 스스로 최고의 주권자, 신적인 존재라고 믿는 바로 앞에서 하나님의 전능하심을 시위하기 위해서였다. 빛과 흑암, 낮과 밤은 자연현상이 아니라 이 모든 것이 전능하신 창조주 하나님의 다스림 아래 있다는 것을 증거하는 하나님의 도구이다. "날은 날에게 말하고 밤은 밤에게 지식을 전한다"(시 19:2)

출애굽 당시 열 가지 재앙을 통해서 하나님께서는 직접 창조하신 사람들 일부의 생명을 취하신다. 애굽 땅에서 모든 처음 난 것, 바로의 장자로부터 옥에 갇힌 사람의 장자, 가축의 처음 난 것들의 생명을 취하신다(출12:29). 창조의 마지막인 엿새째 사람을 창조하신 하나님께서는 열 재앙 중에 생명을 취하셨다. 이처럼 하나님께서 직접 엿새 동안 창조하신 일과 그 질서를 뒤집고 계신 이유도 바로에게 전능하신 창조주 하나님을 증거하시는 일이 된다.

그러나 하나님께서 전능하신 창조주 되심을 드러내는 것은 단지 바로와 같은 세상 권세를 향한 것은 아니다. 이런 하나님의 증거는 자기 백성들을 위한 것이다. 하나님께서는 엿새 동안의 창조의 과정에서 없어졌던 혼돈과 공허를 복귀시키기도

하신다. 여호와를 알지 못하는 자기 백성에게 경고하시기 위해서 창조주 하나님은 "땅을 혼돈하고 공허하게 하시고 하늘에 빛이 없도록"(렘4:23) 하신다. 자기 백성을 구하시기 위해서 그들을 심판하신다. "온 땅이 황폐할 것이나 내가 진멸하지는 아니할 것이며"(렘4:28) 전능하신 창조주 하나님은 애굽에서 행하신 모든 재앙을 자기 백성에게도 동일하게 저주로 행하신다. "여호와께서 애굽의 종기와 치질과 괴혈병과 피부병으로 너를 치시리니"(신28:27).

전능하신 창조주 하나님은 독생자에게 동일한 저주를 내리신다. 하나님의 아들이신 예수님께서 십자가에 달리셨을 때 가장 밝은 낮인 제육시로부터 구시까지(오후12시-3시) 흑암이 덮였다. 하나님의 독생자가 우리를 대신해서 우리가 받아야 할 모든 저주를 받으셨다. "나의 하나님 나의 하나님 어찌하여 나를 버리셨나이까"(마27:46) 하나님의 독생자는 하나님의 버림을 받으셨다. 전능하신 창조주 하나님은 우리가 받을 모든 저주와 심판을 독생자에게 모두 쏟아부으셨다. 이처럼 피조된 세계는 단지 자연 세계가 아니라 하나님께서 전능하신 여호와 하나님이신 것을 드러내고 시위하는 도구이다. 우리가 믿는 예수 그리스도의 아버지이신 창조주 하나님께서 전능하신 만물의 주권자이심을 보게 해주는 해설서이다. "하늘이 하나님의 영광

을 선포하고 궁창이 그의 손으로 하신 일을 나타내는도다"(시 19:1)

우리는 전능하신 창조주 하나님을 우리의 유일한 도움이라고 고백한다. 창조주 하나님에 대한 고백은 우리의 유일한 도움이신 그 분이 그 어떤 권세, 능력, 주권보다 높으시기 때문에 그 어떤 존재도 두려워하거나 의지해서는 안 되는 삶의 고백으로 이어진다. 우리의 도움이 천지를 지으신 여호와의 이름에 있다고 고백한 시편의 기자 다윗은 원수의 노여움이 맹렬하여 우리를 산채로 삼킬 것 같고(시124:3) 원수의 이가 우리를 씹어 버릴 것 같은 상황 속에서(시124:6) 이 고백을 하고 있다. 창조주 하나님이 전능하시다는 고백은 하나님 백성이 악인들, 죄인들, 오만한 자들 중에서 당하는 고난(시1:1) 속에서 비로소 그 진가를 드러낸다. 악한 세상 가운데 의인으로 살고자 하는 하나님의 백성들에게 전능하신 창조주 하나님 고백은 흔들림 없는 가장 강력한 도움이 된다. 우리에게 주어진 어떤 상황이나 우리를 위협하는 어떤 대상 그리고 전능하신 창조주 밖에서 어떤 궁극적인 도움을 구하는 사람에게는 전능하신 창조주 하나님에 대한 진실한 고백이 사실상 없다.

나는 창조주 하나님 '아버지'를 믿습니다

우리는 전능하신 천지의 창조주를 우리의 아버지로 믿는다. 창조주이신 하나님 아버지는 무엇보다 우리가 믿는 우리 주 예수 그리스도의 아버지이시다. 예수님께서는 땅에서 나신 분이 아니라 아버지 하나님이 낳으신 독생자이다(시2:7). 예수의 이름을 믿는 자들은 "혈통으로나 육정으로나 사람의 뜻으로 나지 않고 오직 하나님께로부터 난 자들이니라"(요1:14; 참고: 요일 2:29) 우리 죄를 심판하시는 하나님이 우리가 믿는 구원자 예수 안에서 우리의 아버지가 되신다. 전능자 여호와 하나님은 예수 그리스도를 통해서 그 전능을 우리를 위해서 사용하시는 하늘 아버지로 우리에게 다가오신다. 하늘 아버지는 예수 그리스도 안에서 모든 피조세계를 다스리는 권세를 자신의 자녀들에게 부여하시며 자기 백성을 왕인 청지기로 세워주신다. 성령께서는 창조주 하나님을 무서워하는 종의 영이 아니라 양자의 영이 되셔서 친히 우리가 하나님의 자녀들인 것을 증거 하신다(롬 8:16). 성령 안에서 우리는 그리스도와 함께 창조주 하나님의 모든 것을 상속받는 상속자가 된다.

전능하신 창조주 하나님이 그리스도와 성령 안에서 우리의 아버지 하나님이 되기 때문에 우리는 어떤 상황에서도 우리는 그 분을 신뢰할 수 있다. "하나님이 우리를 위하시면 누가 우리를 적대하리요?"(롬8:31) 진정한 상속자는 영광뿐 아니라 고난에도 동참하지만 고난 중에서도 절망하지 않고 창조주 하나님으로 인해 기뻐할 수 있다. 평안 가운데서도 자신에게 만족하는 것이 아니라 평안을 선물해 주신 창조주 하나님께 감사한다. 그리고 미래의 닥쳐 올 어떤 불안도 염려하지 않고 창조주를 신뢰할 수 있다.

전능하신 창조주 하나님을 믿는 자들은 아버지 하나님의 섭리의 손길을 믿는다. 나타난 일은 영원히 우리와 그 자손에게 속하였지만 감추어진 일은 오직 우리 아버지 하나님께만 속해 있다(신29:29). 감추어진 일은 우리가 알지 못하는 모든 일이다. 누구도 장래의 일을 알지 못한다. 인간은 모르는 일에 대해서 염려하고 불안해한다. 혹여 나의 잘못으로 나의 인생을 망칠까 노심초사한다. 과거의 잘못에 발목 잡혀 죄책감과 인생을 탓하기도 한다. 그러나 창조주 하나님을 아버지로 믿는 자들은 알지 못하는 감추어진 모든 일들 중에서도 하나님을 신뢰하고 자신의 인생을 온전히 그분께만 맡긴다. 우리는 장래일, 감추어진 일들을 알 수 없기 때문에 불안해 하는 것이 아니라 오히려 그 모든 일이 전능하신 창조주, 하나님 아버지께 속한 것이기 때문에 오늘 이 시간 속에서 오로지 그분만을 신뢰하도록 안내 받는다. 형들에게 팔려 온갖 고초를 겪었던 요셉은 그모든 일들이 모두 하나님의 손길 안에 있다는 것을 고백한다. "하나님이 큰 구원으로 당신들의 생명을 보존하고 (중략) 그런즉 나를 이리로 보낸 이는 당신들이 아니요 하나님이시라"(창45:7-8)

"전능하시고 선하신 하나님께서 다스리시는 세상에 왜 악이존재하는가?"라는 질문은 인간의 극심한 고통과 재난이 있는곳에서는 항상 있어왔다. 욥은 온전하고 정직하여 하나님을 경외하며 악에서 떠난 자(욥1:1, 8)임에도 불구하고 하나님께서는 그를 '까닭 없이' 치셨다(욥2:3, 42:11). 사탄은 욥이 하나님을 '까닭 없이' 경배할 리가 없으며 그에게 주신 축복 때문에 하나님을 경외한다고 충동하고 시험하였다(욥1:9). 욥은 자신으로서는 원인(causa)을 알 수 없는 재앙을 당하면서 욥의 죄가원인이라고 주장하는 친구들과 맞서 변론하였다. 자신에게 원인이 있지 않고 하나님으로부터 어떤 원인이 있음을 생각하고욥은 다음과 같이 호소했다. "내가 주께 부르짖으나 주께서 대답하지 아니하시오며 내가 섰사오나 주께서 나를 돌아보지 아니하시나이다. 주께서 돌이켜 내게 잔혹하게 하시고 힘 있는손으로 나를 대적하시나이다"(욥30:20-21) 마침내 침묵하시던하나님은 폭풍 가운데 욥에게 말씀하신다. 그러나 하나님은 끝내 천상에서 있었던 사탄의 참소, 하나님의 허용과 같은 일들을 소상히 설명하시기 보다는 하나님의 창조 세계를 나열하시면 계속된 질문으로 이 모든 피조세계의 진정한 창조주가 누구신지만을 묻고 확인하신다(욥 38장-41장). 하나님은 끝내 모든 인간들이 궁금해 하던 재앙의 원인(causa)을 합리적으로 설명하시지 않고 피조세계 안에 증거 된 창조주의 권세만을 계시하신다. 욥은 끝내 이 모든 재앙의 원인(causa)을 알게 된 것은 아니지만 창조주 하나님을 아버지로 아는 지식을 고백하게 된다. "내가 주께 대하여 귀로 듣기만 하였사오나 이제는 눈으로 주를 뵈옵나이다. 그러므로 내가 스스로 거두어들이고 티끌과 재 가운데에서 회개하나이다"(욥42:6-7)

의인은 고난 중에 하나님께 원인을 묻게 된다. 과연 하나님이 계시며 또한 하나님이 왜 침묵하시고 숨으시는가를 묻는다. "여호와여 어찌하여 멀리 서시며 어찌하여 환란 때에 숨으시나이까?"(시10:1) 그러나 하나님은 모든 일에 원인을 일일이 설명하지 않으신다. 때로 침묵하신다. 그러나 우리가 믿는 창조주 하나님이 우리의 아버지이시기 때문에 우리는 언제나 창조주 하나님을 높이며 경외하게 된다. '까닭없이' 만나는 재앙 중에도 창조주 하나님을 찬양하고 그분을 우리의 아버지 하나님으로 고백한다.

'삼위일체' 하나님의 창조

태초에 하나님은 말씀으로 천지를 창조하셨다. 이 말씀은 육신이 되어 우리 가운데 거하시는 독생자이다. 또한 창조 때 하나님의 영은 수면 위에 운행하고 계셨고(창1:2) 하나님께서는 생기(호흡)를 불어넣으셔서 사람을 창조하셨습니다. 사도신경은 천지의 창조를 성부 하나님의 사역으로만 고백하는 것처럼 보이지만 사실상 창조는 삼위 하나님의 사역이다.

첫 사람 아담의 타락 이후에도 하나님께서는 창조하신 피조 세계의 회복을 위해서 일하신다. 시편 104편은 시편 중에서도 하나님의 창조세계를 가장 풍성하게 설명하고 있다. "주께서 옷을 입음 같이 빛을 입으시고 하늘을 휘장 같이 치시며 물에 자기 누각의 들보를 얹으시며"(시104:2-3)로 시작되는 시편 104편은 창세기 1장의 엿새 동안의 창조를 그대로 보는 듯 묘사하고 있다. 그러나 시편 104편에는 피조 세계에 깃들여 있는 어두운 부분도 보인다. 해가 돋으면 사람이 저녁까지 수고해야 하는 것(시104:23), 리워야단의 등장(시104:26) 그리고 하나님께서 낮을 숨기시는 것과 호흡을 거두시는 일들 때문에 떨고 죽어 먼지로 돌아가는 일(시104:29)은 창세기 1장의 창조세계에는 나타나지 않았던 어두운 면이 심히 좋은 하나님의 피조세계에 깃들여 있다는 것을 상기시킨다. 여기에는 아담의 타락 이후에 창조세계에 미친 부정적인 부분이 창세기 1장의 하나님의 창조 속에 들어오게 되었다는 것을 암시하고 있다.

시편 104편의 짝이 되는 시편 103편은 창조가 아담의 타락 이후에는 구원과 죄사함과 별도로 존재할 수 없게 되었다는 것을 보여준다. 시편 103편은 죄악을 사하시며 모든 병을 고치시고(시103:3) 우리의 죄를 따라 우리를 처벌하지 않고 그대로 갚으시지 않는(시103:10) 하나님께서 베푸신 죄사함의 은혜와 그 일을 행하신 하나님을 송축하고 있다. 타락 이후 하나님의 창조의 문제는 우리의 구원인 죄사함과 분리될 수 없음을 짝이 되어서 나란히 있는 두 시편인 시편 103편과 104편을 통해서 확인할 수 있다.

인간의 타락 이후 하나님의 창조는 성자 예수님 안에서 이루어진 구원의 일을 통해서 비로소 의미를 가지게 된다. 하나님께서는 우리를 흑암의 권세에게 건져 내사 그의 사랑하는 아들의 나라로 옮기셨다(골1:13). 흑암은 빛의 창조 이후 하나님께서 주신 위치에 있어야 했던 피조물이었지만 흑암을 여기서는 권세와 연결해서 말한다. 타락 이후 창조세계의 변화를 생각나게 한다. 그러나 우리는 흑암의 권세에서 사랑의 아들의 나라, 곧 하나님의 아들 독생자를 통해서 하나님께서 원수가 아니라 사랑으로 대해주시는 영역으로 옮겨졌다. 바로 이 아들 안에서 우리는 죄를 무르는 속량, 죄사함을 받게 되었다(골1:14). 이처럼 아들 안에서 이루어진 구원을 확인한 바울은 바로 이 아들을 창조와 연결한다. 우리 구원의 실현자인 아들은 모든 피조물보다 먼저 나셨고 만물이 그로 말미암고 그를 위해서 창조된 분이시다(골1:15-16).

우리는 타락 이후에 하나님의 창조를 아들 안에서 이루어진 구원과 분리할 수 없다. 그리스도의 구원은 하나님께서 피조세계를 회복하시는 일과 맞물려 있다. 그리고 창조는 그리스도의 구원의 일을 통해서 다시 의미를 가진다. 헤르만 바빙크는 '창조 중보자'라는 용어를 사용하면서 구원과 창조의 동일한 기초가 그리스도 안에 있다는 점을 강조한다. "창조와 재창조는 하나의 기초 안에 있다. 육체가 되신 로고스는 모든 것은 그를 통해서만 창조된 그분이다. 죽음에서 처음 살아나신 분이 모든 피조물 중에서 가장 먼저 나셨다." 중보자는 죄 때문에 멀어진 하나님과 우리 사이의 중보의 일을 하신 분이셔야 하기 때문에 죄와 타락이 없었던 창조에서의 중보자는 개념상 성립할 수 없는 용어이다. 그러나 구원과 창조가 모두 오직 한 분 그리스도 위에 기초해 있다는 사실은 분명하다. 타락 이후 우리는 창조조차 우리의 구원자 그리스도 안에서만 생각할 수 있다.

성령님도 창조주이시다. 고대 교회가 고백한 "창조주 성령이여 오시옵소서"라는 찬송은 명백하게 성령의 창조주 되심을 증거 한다. 피조물은 이제까지 함께 탄식하고 함께 고통 받는다 (롬8:21). 성령은 직접 피조물을 위해서 탄식하지 않으시고 탄식 가운데 우리를 위하여 친히 간구하고 계신다(롬8:26). 피조물은 썩어짐의 종 노릇하는 데서 해방되는 것을 고대하는데 이는 하나님의 아들들이 나타남을 통해서이다(롬:19,21). 성령도 피조물의 회복에 이런 방식으로 직접 참여하신다. 창조는 삼위의 일이다.

4. 나는 독생자 우리 주 예수 그리스도를 믿습니다

사도신경의 두 번째 부분은 예수라는 한 분에게 돌려진 이름들인 예수, 주, 그리스도, 유일하신 아들을 먼저 고백한 후 이어서 이 분께서 행하신 구원의 사역을 과거, 현재, 미래로 순차적으로 설명하고 있다. 이 분의 이름들은 "너희는 나를 누구라 하느냐?"하는 질문에 대한 고백에 해당되며 이는 이 분께서 하신 일에 기초해 있다. 또한 예수님은 처음부터 이 이름에 해당되는 인격 안에서 행하시며 자기를 증거해 주셨다. 이름들과 사역들 두 부분으로 나눠지기는 하지만 이 두 부분은 서로 긴밀한 연관을 가진다.

이 분의 이름들

주

"예수는 주"라는 고백은 초대교회의 가장 원초적인 교의의 하나로 꼽힌다. 고린도교회 성도들이 예배할 때(고전14:26, 너희가 모일 때에) 설교와 거기에 대한 응답인 신앙고백과 찬양이 있었다는 것을 미루어 짐작할 수 있다. 예배 중의 모든 일은 한 가지 내용과 목적을 가진다. 그것은 다름 아닌 '예수가 주'(고전12:3)라는 고백이다. "영적인 것, 신령한 것들을 사모하라"(고전14:1, 12)는 반복되는 명령은 성령께서는 예배 중에 하시는 모든 일의 목적이 "예수는 주"라고 고백하는 것이며 이 고백에 집중할 것을 명령하고 있다. 고린도교회의 예배에서 나타난 여러 가지 일들, 은사들, 직분들을 통해서 한 분 성령께서 하시는 일인 예수는 주로 고백하고 가르치는 것에 집중하도록 권면한다(고전12:4-6). 이처럼 "예수는 주시다"는 고백은 예배와 생활에 가장 원초적이고 중요한 것이었다.

원래 그리스-로마 문화에서도 이 용어는 사용되었다. 일상적으로 종들이 자신의 주인을 부를 때 이 용어는 사용되었다(엡6:5-9). 한편으로 로마 황제도 '주'로 칭송되었다. 로마 군인이 되기를 거부한 경우로 순교한 막시밀리아누스는 로마 군인이 될 때 황제를 '주'라고 서약하는 것을 거부하다가 순교하였다. 한편으로 구약의 여호와를 아도나이로 표기한 것을 신약에서 헬라어로 번역할 때도 '주'(퀴리오스)로 번역했다. 따라서 구약을 인용한 신약의 구절들에게 구약의 여호와에 해당되는 구절들을 모두 '주'로 번역하게 되었다. 이는 단지 구약을 신약으로 번역할 때만이 아니라 내용적으로도 이 예수를 구약의 여호와와 동등한 분으로 받아들이는 고백을 의미한다. 예를 들어 우리가 주로 고백하는 예수에게 바울은 여호와 하나님과 동일한 영광을 돌린다(딤후4:18, 벧후4:18). 구약의 여호와 하나님께서 우리 삶의 모든 것이 되신 것처럼 우리는 살아도 죽어도 '주'라고 고백하는 이 분을 위하여 살고 죽어야 하는 것이다(롬 14:8). 예수를 주로 고백하는 것을 통해서 우리는 하나님께 영광을 돌린다(빌2:11). 하늘에 있는 자들과 땅에 있는 자들과 땅 아래 있는 자들로 모든 무릎이 그 앞에 꿇는 분은 여호와 하나님과 예수이다(사45:3;롬14:11;빌2:10). 예수를 주로 고백하고 믿어서 구원에 이른다(롬10:9-10). 이처럼 예수를 '주'로 고백하는 것은 단지 예수가 종인 우리의 주인이시라는 의미를 넘어서 이 분은 구약의 여호와 하나님과 영광과 권세, 존귀에서 동등한 분이라는 고백이 담겨있기 때문이다.

예수 그리스도

예수라는 이름은 이 땅에서 참 사람으로 사셨던 이 분이 가진 일반적인 이름이었다. 구약의 여호수아에서 이 이름은 기원한다. 그러나 이 일반적인 이름 또한 특별한 의미를 가진다. 예수는 "자기 백성을 그들의 죄에서 구원하실 분"(마1:21)이시다. 예수님은 사마리아에서 자신이 유대인들이 고대하던 바로 그 메시아이자 동시에 세상의 구원자가 되신다는 사실을 증거하시고 그들에 의해서 받아들여졌다(요4:25,42).

    예수님은 구약에서 기름부음 받은 선지자, 제사장, 왕의 세 직분을 그대로 계승하는 분은 아니다. 예수님은 자신을 엘리야, 예레미야, 혹은 선지자 중 하나로 사람들이 말하는 것에 대해서 긍정하지 않으셨다. 오히려 주, 그리스도, 살아계신 하나님의 아들이라는 베드로에 고백에 적극적으로 긍정하신다(마 16:13-16). 예수님은 구약의 제사장과도 직접적인 연결성을 가지지 않는다. 유다지파에 속해 다윗의 자손으로 나셨기 때문에 제사장이 속한 레위지파가 아니었다. 오히려 예수님은 멜기세덱의 반차를 따르는 제사장으로 인정되었다(히7:14-16). 예수님은 자신의 나라와 이 땅 나라는 전혀 다른 영역에 속해 있음을 선언하셨다(요18:36-37). 그리고 자신을 왕으로 삼고 받아들이고자 하는 자들을 거부하셨다(요6:15-16). 따라서 그리스도라는 이름은 직접적으로 구약의 기름부음 받은 세 직분과 연결된 것은 아니다. 그리스도 곧, 메시아는 다윗 왕국을 재건하고 종말의 때에 유대민족을 이방인들의 손에서 건져낼 존재로 이해되었다. 성전에서 벌어진 논쟁을 목도한 제자들은 이제 예수님께서 예루살렘 성전을 중심으로 메시아 왕국을 재건할 것을 고대한다. 그러나 예수님은 이런 제자들에게 예루살렘의 성전 파괴 곧, 돌 하나도 돌 위에 남지 않고 다 무너뜨려지리라(마24:2)고 말씀하신다. 예수님은 참된 메시아로서 진정한 다윗 왕국의 재건자이지만 유대인들이 기대한 방식이 아니라 십자가에 죽으심으로 이를 증거하신다.

16세기 종교개혁자 칼뱅이후 그리스도라는 이름을 삼중직으로 설명하는 형식이 종교개혁 진영 안에 정착되었다. 칼뱅은 그리스도의 두 본성들과 두 본성들 사이의 관계에 초점을 맞추기 보다는 그리스도의 인격과 사역을 함께 연결할 수 있는 '직분'인 삼중직에 집중하였다.

'선지자직'

예수님의 초림과 재림 사이인 이 모든 날 마지막에 하나님은 오직 아들을 통해서 우리에게 말씀하신다. 선지자들을 통해서 여러 모양으로 말씀하시던 하나님은 이제 하나님의 영광의 광채시며 본체의 형상이시고 능력의 말씀으로 만물을 붙드시는 예수님을 통해서 말씀하신다(히1:2-3). 오직 아들만이 아버지를 보았고(요6:46) 아들은 아버지께 본 것을 말씀하시기 때문에 그의 증언은 참되다. 예수님은 자의로 말씀하시지 않고 아버지께서 주신 말씀을 말씀하신다(요12:49-50).

한편으로 예수님은 구약의 선지자들과 달리 자신의 권위로 말씀하신다. "나는 나다"(출3:14)는 여호와의 말씀과 같은 권위로 예수님은 "나는" "세상의 빛, 부활이며 생명, 선한 목자,

포도나무"라고 자신을 중심으로 신적인 것들을 설명하신다. 예수님은 봉인되었던(단12:4)을 인을 뗄 수 있는 유일한 분이시다. 유대 지파의 사자 다윗의 뿌리이시자 동시에 어린 양이신 그 분만이 봉인된 인을 뗄 수 있다(계5:5, 7).

예수님은 공생애를 통해서 오직 자신만이 아버지를 알고 아버지를 본 자인 것을 증거 하신 후 십자가의 죽음을 통해서 이를 확증하셨다. 예수님은 부활 이후에도 의심하는 제자들에게 말씀하시면서 예수님 자신을 알게 하시는 사역을 계속 하셨다. 제자들은 부활 후 예수님께서 말씀하시고 성경을 풀어주실 때 눈이 밝아져 그인 줄 알아보고 그들의 마음이 뜨거워졌다(눅24:31-32). 예수님의 선지자 직은 부활과 승천 후에도 계속된다. 베드로는 예수님께서 부활하신 후 모든 백성들에게 하신 것이 아니라 미리 택하신 증인들에게만 자신을 나타내셨다고 말한다(행 10장 41절). 이들이 예수님이 행하신 모든 일에 증인들이다. 오순절 성령이 오셨을 때 이들은 증언하기 시작했다. 부활 후에도 여전히 의심하던 증인들은 오순절 성령 사건 이후 담대히 증거 하기 시작했다. 사도들과 증인들의 증거 가운데 예수님의 선지자로서 직분은 계속되고 있다.

'제사장직'

그리스도는 많은 사람의 죄를 담당하시려고 단번에 드리신 바 되셨다(히9:28). 구약의 대제사장들이 자기 죄, 백성의 죄를 위하여 날마다 제사 드리는 것 대신에 예수님은 단번에 자신을 드려 이를 다 이루셨다(히7: 27). 그리스도는 스스로 희생 제물이 되셨다(롬3:25). 세상 죄를 지고 가는 어린양이시다(요1:29). 예수님의 육체가 곧 성전이다(요2:20). 예수님은 직접 레위 지파의 제사장은 아니지만 제사와 성전의 모든 의미를 자신이 온전히 성취하신다.

영 단번에 자신을 제물로 주시는 예수님은 또 다른 의미에서 살아계신 우리의 큰 대제사장이시다. 우리에게 있는 큰 대제사장은 승천하신 분이시다(히4:14). 그 분은 우리와 같이 되셨기 때문에 우리의 연약함을 체휼하시는 분이시지만 이 또한 승천하신 분으로 그러하다. 승천하신 대제사장은 자기를 힘입어 하나님께 나아가는 자들을 지금도 구원하시며 그들을 위하여 간구하시는 분이시다(히7:25). 이 직분은 어제나 오늘도 동일하신 영원한 예수님이 수행하시기 때문에 지금도 이 기도는 계속 되고 있다. 예수님께서는 십자가의 죽음을 앞두고 대제사장으로서 하실 기도의 내용을 미리 계시해 주셨다. 요한복음 17장 전체는 이런 영원하시고 살아계신 대제사장으로 승천하셔서 지금도 우리를 위해서 하실 기도의 전형을 보여준다는 점에서 5세기 교부들부터 대제사장의 기도라고 명명되었다. 예수님은 지금도 우리를 위해서 기도하시는 대제사장의 직분을 하나님 우편에서 행하신다.

'왕직'

예수님께서는 빌라도의 심문을 받으시면서 자신의 나라가 이 세상에 속한 것이 아님을 분명히 하셨다. 그러나 빌라도가 "네가 왕이 아니냐?"라고 물었을 때 "내가 왕이니라"라고 말씀하신다(요18:35-37). 예수님은 자신의 왕직은 세상에 속해서 세상 권력을 가진 로마 황제나 빌라도 총독과는 명확하게 다르다는 것을 밝히신다. 그러면서 예수님의 왕 되심을 진리에 대하여 증언하는 일과 연결하신다(요18:37-38). 예수님은 진리를 증언하는 말씀을 통해서 통치하신다.

예수님의 왕직은 일차적으로 십자가의 복음으로 교회를 통치하는 데서 나타난다. 빌라도는 예수님과 유대인들을 조롱하기 위해서 십자가 위에 패를 "나사렛 예수 유대인의 왕"이라는 패를 써 붙인다. 이 패는 히브리어, 로마어, 헬라어로 기록되었다. 유대인들은 "자칭 유대인의 왕"이라고 이 패를 수정할 것을 요구하지만 빌라도는 이를 거부하였다. 십자가와 함께 이 패는 십자가에 걸려 있게 되었다. 하나님께서는 이 패를 통해서 빌라도가 의도하였던 바를 뒤집으신다. 십자가에 달리신 예수님이 왕이시라는 사실이 당시 가장 중요한 세 언어로 남게 된다. 이방과 유대를 정치적, 군사적으로 통치하는 왕이 아니라 십자가에 달리셔서 왕이 되심을 증거하게 되었다.

십자가와 그 도는 지혜와 능력이 없는 것처럼 보이지만 그 곳에 참된 지혜와 능력이 있다(고전1:27). 부활하시고 승천하신 예수님은 전능하신 하나님 우편에서 말씀과 성령으로 다스리신다. 목사의 설교를 통해서 이 통치는 실현된다(엡4:3-12). 교회는 그리스도의 다스리심을 받아서 온전해진다. 교회를 말씀과 성령으로 다스리시는 그리스도는 만물 안에서 만물을 충만케 하신다. 교회는 그리스도의 몸으로서 그 충만함으로 만물을 충만케 하시는 그리스도의 통치에 도구로 사용된다(엡1:23). 결과적으로 교회를 충만케 하시는 교회의 머리인 그리스도는 교회를 통해서 만물 안에서 만물을 충만케 하시는 모든 만물의 통치자가 되신다. 만물은 그의 발아래에 복종한다(엡1:22).

독생자

'하나님의 아들'이라는 이름은 다윗 언약에서 기원한다. 아직 바로 다음 왕도 알려지거나 정해지지 않은 시점에 하나님께서는 다윗에게 영원한 왕위를 약속하신다. 이 약속에서 아들이라는 명칭이 등장한다. "나는 그에게 아버지가 되고 그는 내게 아들이 되리니"(삼하7:14) 이 아들은 다윗의 왕위를 잇는 자로서 하나님께서는 이 아들을 통해서 다윗의 집과 나를 영원히 보존하고 그 왕위를 영원히 견고하게 하신다(삼하7:16).

예수님의 지상 사역의 시작을 알리는 세례에서 하나님께서는 이 언약이 말한 아들이 바로 예수님이시라는 사실을 선포한다. "이는 내 사랑하는 아들이요 내 기뻐하는 자라"(마3:17) 십자가의 죽음을 위해서 예루살렘으로 입성하시는 것을 앞둔 변화산 사건에서도 하나님께서는 다시 한번 예수님이 하나님이 아들이라는 것을 말씀하신다(막9:7). 죽으시고 부활하신 예수님은 그 부활로서 하나님의 아들로 선포되신다(롬1:4). 예수님은 세례 이전 탄생 때 이미 천사를 통해서 하나님의 아들이심이 알려졌다(눅1:35).

독생자는 성부 하나님과 성자 예수님 사이의 관계의 친밀함을 잘 보여준다. 예수님은 죽을 수도 있고 다칠 수도 있는 모양, 곧 육신으로 오셨다. 그러나 육체로 오신 로고스 안에서 오직 하나님만이 가진 신적인 영광이 빛나신다. 그분은 하나님의 속성인 은혜와 진리(출24:5-7)로 충만하시다. 그의 영광은 다름 아닌 아버지의 독생자의 영광이다(요1:14). 이 독생자는 아버지의 품속에 있다. 거지 나사로는 아브라함의 품속에(눅 16:22), 사도 요한은 만찬석에서 예수의 품에 의지해 있었다 (요21:20). 이는 나사로와 아브라함, 사도 요한과 예수님과의 말할 수 없는 친밀한 관계성을 보여준다. 독생자는 아버지의 품속에 있다고 말할 정도로 성부와 성자의 관계는 친밀하고 특별하다. 아버지는 아들을 낳으시고 아들은 아버지가 낳으신 독생자이다. 낳으심과 나심은 성부와 성자가 가진 구별, 곧 위격을 의미한다. 독생자는 구별되지만 말할 수 없는 친밀한 교제를 성부와 누리신다.

오직 독생자만이 본질로 영원한 하나님의 아들이시다. 그 어떤 누구도 하나님의 독생자가 될 수 없다. 하나님의 독생자 되심은 오직 이 분에게만 해당된다. 그러나 이 분이 독생자가 되셔서 우리가 하나님의 자녀가 되는 길을 열어주셨다. 비록 우리는 입양된 자녀이지만 예수님과 함께 하나님을 우리 아버지로 부르게 된다(요20:17). 성령 안에서 하나님 아버지를 아빠 아버지로 부를 수 있다(롬8:14-15).

예수님의 구원 사역

사도신경은 예수님의 이름들에 이어서 이 땅에서 예수님의 생애와 부활, 승천, 재림을 고백한다. 이런 일대기는 단지 예수님의 전기적 역사만을 의미하지 않는다. 하나하나의 고백은 우리 구원을 위한 구원의 사역들이다. 예수님은 그 삶 자체가 우리를 위한 것이다. 예수님의 생애 전반부를 우리는 '고난'으로 후반부를 '영광'으로 구분할 수 있다. 다만 이 구분은 절대적이지 않다. 십자가에서 그분의 영광이 빛난다(요17:4-5). 그분의 고난은 곧 그분의 영광이었다. 또한 예수님은 높아지셔서 영광 중에 계시지만 여전히 어린 양으로 그러하시다(계5:6-7, 21:9).

성령으로 잉태되어 동정녀 마리아에게서 나셨다

성령 잉태와 동정녀 탄생은 계몽주의 이후에 가장 강하게 거부된 고백이 되었다. 역사적 예수 연구라는 미명 아래 예수님이 남녀의 관계없이 동정녀에게 나셨다는 것은 역사적 사실이 아닌 것으로 여겼다. 성경과 사도신경에 이것이 기록되었다는 것은 역사적 사실보다는 신학적 동기 때문이라는 분석이 주를 이루었다. 우리는 성령 잉태와 동정녀 탄생을 역사적 사실로 받아들이면서 동시에 이를 믿음으로 고백해야 한다.

사실 누구보다도 동정녀 마리아에게 잉태된 사실이 충격적이었던 것은 예수님의 육신적 부모인 요셉과 마리아였다. 성경도 동정녀 탄생을 마태복음에서는 요셉을 중심으로, 누가복음에서는 마리아를 중심으로 말씀하고 있다. 요셉에게 마리아가 성령으로 잉태된 것이 나타났을 때 그는 이를 가만히 끊고자 하였다. 모세의 토라에서는 아내를 데려온 후 수치스러운 일이 발견되면 이혼증서를 써서 그의 손에 주고 집으로 돌려보내야 했다(신24:1). 요셉은 사실상 정혼했다. 다만 아직 아내를 데려 오기 전 기간에 마리아가 잉태된 것을 확인했다. 요셉은 율법 에 따라 이를 처리하지 않고 가만히 끊는 방법을 선택하였다. 요셉은 자신이 알지 못하는 성령의 신비로운 일을 존중하였다. 이런 점에서 그의 의로움이 증거 된다(마1:18-19). 주의 사자는 다시 한번 동정녀 마리아의 잉태가 성령의 일임을 강조한다(마 1:20). 이때 다윗의 자손 요셉은 성령의 일과 주의 사자의 말씀 에 순종하여 분부대로 그의 아내를 데려왔다(마1:24). 마태복 음은 성령 잉태를 다루면서 이를 요셉의 믿음을 중심으로 다 룬다. 누구보다도 가장 이 사건이 수치스럽고 당황스러웠을 요 셉의 믿음은 후대에 이 엄청난 역사를 듣는 우리에게도 중요하 다. 왜냐하면 성령 잉태, 동정녀 탄생을 우리도 믿고 고백해야 하기 때문이다.

누가복음은 같은 사건을 마리아의 믿음을 중심으로 설명한 다. 예루살렘에 있는 성전에서 제사장으로 일하면서 아내가 아 론의 자손인 사가랴는 구약성경에도 몇 차례 등장하는 나이 많은 출산을 고지한 주의 사자의 소식을 믿지 못한다. 그의 믿음 없음으로 주의 사자의 말이 이루어질 때까지 말을 하지 못하는 상태에 빠지게 된다(눅1:5-23). 반면에 갈릴리 나사렛에서 사는 여성이며 가문을 알 수도 없는 마리아는 구약 역사에서도 등장하지 않는 동정녀로서 자신에게 잉태가 있을 것이란 천사의 고지를 듣는다. 나이 많아 자녀를 얻게 된 사가랴는 엄청난 축복을 받았지만 불신앙의 반응을 보였다면 정혼한 여성으로 잉태하여 인생의 엄청난 희생을 앞둔 마리아는 오히려 "주의 여종이오니 말씀대로 이루어지이다"(눅1:38)는 고백을 하게 된다. 이 본문들은 이 충격적인 사건을 받아들이는 마리아의 믿음을 우리에게 증거하고 있다.

이처럼 성령 잉태와 동정녀 탄생을 전하는 마태와 누가는 이것이 역사적인 사실인 것을 전제하면서 과학적 증명이나 사실 여부 판단에 관심을 가지지 않는다. 오히려 이 사건을 대하는 요셉과 마리아의 믿음을 증거하면서 이를 듣는 우리도 믿음으로 받아들일 것을 요청하고 있다. 예수님은 분명 마리아의 몸으로부터 잉태되어 태어나셨다. 따라서 예수님은 분명히 여성의 태에서 잉태되는 과정을 거쳐 이 땅에 오셨다. 여자의 몸에서 나셨기 때문에 이는 신학적으로 분명히 가현설을 반박하는 신학적 동기를 가진다. 반면에 예수님께서는 위로부터 나신 분이시다. 그분의 잉태와 출생은 우리의 자연적인 출생과 분명히 구별된다. 따라서 성령 잉태는 예수님께서 세례 받을 때 비로소 하나님의 아들로 받아들여졌다는 입양성을 반박하는 신학적 동기와 연결되는 것은 사실이다. 그러나 반-가현설과 반-입양설이라는 신학적 동기와 역사적 사실이라는 점은 서로 양립할 수 있다. 성령 잉태와 동정녀 탄생은 근본적으로 역사적 사실이며 우리는 이를 믿음으로 고백한다.

성령 잉태를 믿음으로 고백하는 자들은 예수님과 달리 남녀의 관계로 인해 출생했지만 성령으로 거듭나는 은혜에 동참한다. 중생의 은혜는 우리의 존재가 성령으로 말미암아 근본적으로 완전히 새롭게 태어나는 은혜를 누리게 한다. 예수님께서는 니고데모에게 "물과 성령으로 나지 않으면 하나님 나라에 들어갈 수 없다"고 가르치신다(요3:5). 하늘로부터 온 예수님을 통해서 우리 또한 위로부터 난 자, 성령으로 난 자들이 된다(요3:3, 8). 예수님을 동정녀의 몸에서 잉태하게 하신 성령님은 원래 모든 만물을 지으신 창조주 하나님이시다. 창조주의 능력으로 성령님은 성령 잉태를 가능하게 하셨다. 동일한 능력으로 성령님은 땅에서부터 난 자들, 아담의 후손으로 난 죄인들을 위로부터 나게 하신다. 예수님의 성령 잉태를 믿는 자들은 비록 후천적이지만 동일한 성령님께서 행하시는 이 중생의 은혜를 누린다.

다른 한편 예수님께서 잉태되고 출생하셨다는 사실은 예수님의 구원 사역이 미치는 범위가 얼마나 포괄적인 것인가를 보여준다. 예수님은 잉태되고 출생하셔서 우리가 잉태되고 출생할 때부터의 모든 죄를 덮으신다. 예수님은 죄가 없으시지만 우리는 잉태되고 출생할 때부터 죄인이다. "내가 죄악 중에서 출생하였음이여 어머니가 죄 중에서 나를 잉태하였나이다"(시 51:5) 우리의 죄악은 잉태와 출생에 미칠 만큼 깊고 중대하지만 이를 덮고 용서하시는 예수님의 구원 사역 또한 그만큼 깊고 광범위하다.

본디오 빌라도에게 고난을 받으셨다

예수님의 지상 사역을 사도신경은 한 마디로 '고난'으로 요약한다. 예수님의 십자가의 죽음만이 고난이 아니라 예수님의 삶 전체를 '고난'으로 규정한다. 예수님의 고난의 본질은 그럴 필요가 없는 하나님의 아들이 우리가 서야 할 자리에 서신 것이다. 예수님은 율법아래 나셨다(롬 4:15;갈4:4). 예수님은 자신을 율법 아래 두셨다. 율법 아래 있는 자들은 하나님의 저주를 피할 수 없는데 예수님은 스스로 그 자리에 자신을 두신 것이다. 자신의 삶 전체를 하나님의 저주 아래 두셨다. 죄가 없으신 예수님은 그렇게 하실 필요가 없는데 할례를 받으셨고 정결의 식을 행하셨다(눅2:23; 출13:11-13). 예수님은 출생부터 애굽으로 피난 가셔야 했다. 세례 요한에게 세례 받으시고 스스로를 사탄의 시험 아래 두셨다. 예수님은 죄는 없지만 죄인들이 서야 할 모든 자리에 계신다. 예수님의 고난의 핵심은 십자가 죽음을 향해서 가시면서 당하는 육체적 고통과 십자가라는 가장 참혹한 죽음에 형태로만 규정되지 않고 오히려 죄인들의 자리, 율법 아래 자신을 두신 것에 찾아야 한다.

본디오 빌라도 치하에서의 고난 받으셨다는 사도신경의 고백은 예수님의 생애 전체가 고난이었지만 동시에 십자가 죽음이 이 고난의 절정이었음을 말하는 것이기도 한다. '본디오 빌라도'라는 로마 총독의 이름은 예수님의 죽음이 공적으로 이루어졌음을 암시한다. 십자가의 죽음은 유대인들이 신성모독의 이유로 예수님을 죽이고자 했고 대신에 로마의 법정에는 로마 제국에 대한 반역죄로 참소하였다. 빌라도는 예수님의 무죄를 알았지만 책임감 없는 공직자의 처신으로 예수님을 내어주고 만다. 그러나 사실 이 모든 과정을 하늘에 계신 아버지의 손길 속에서 이루어진 것이다. 본디오 빌라도의 결정이 아니라 하나님의 정하심에 따라 성경대로 이루어진 것이다(고전15:3). 그러나 본디오 빌라도의 이름은 예수님의 죽음이 역사적 사실이며 동시에 공적인 결정이었다는 점을 보여준다. 이 죽음은 일반 정치범의 죽음이 아니라 공적 성격을 가진다. 로마 제국의 범위를 넘어서는 하나님 나라를 위한 죽음이다. 빌라도가 하나님을 대리한 것은 아니지만 예수님의 죽음은 하나님에 의해서 이루어진 공적인 것이었다.

십자가에 못 박히셨다

하나님께서는 이 공적인 죽음을 통해서 하나님의 모든 진노와 저주를 예수님의 인격에 쏟아 부으셨다. 율법의 저주에서 우리를 속량하기 위해서 예수님께서 저주를 받으셨다(갈 3:13). 모세 토라에서 돌로 쳐 죽인 자를 다시 나무에 매달아 그 영혼까지 완전한 죽음에 이르게 하듯(신21:23) 예수님은 나무 위에 달려 하나님의 저주를 받으셨다. 독생자가 아버지로부터 버림을 받았다. 하나님은 죄를 알지 못하는 분을 우리를 대신하여 죄로 삼으셨다. 모든 인류의 죄에 대한 하나님의 진노를 자신의 몸과 영혼에 짊어지시고 온전한 순종으로 우리를 위해 하나님의 은혜와 의, 영원한 생명, 거룩을 보여주셨다.

죽으셨다 그리고 장사되셨다

예수님의 죽음은 완전한 죽음이다. 우리가 죽는 죽음과 동일하게 죽으셨다. 그리고 우리와 동일하게 장사되셨다. 무덤에 사흘 간 머무셨다. 예수님의 십자가 죽음과 부활을 합리적으로 설명하기 위해서 예수님의 십자가 고통이 너무 커서 잠시 기절했고 서늘한 무덤에서 정신이 다시 돌아왔다고 하는 주장이 있기도 했다. 그러나 로마 군인들은 예수님의 옆구리를 찔러 죽으신 것을 확인하였다. 부자이며 산헤드린 공회 회원인 아리마대 사람 요셉은 빌라도에게 가서 예수님의 시신을 요청했다. 빌라도는 예수님의 죽음을 백부장에게 확인한 후 요셉에게 시신을 내주었다. 이런 방식으로 본디오 빌라도는 예수님의 완전한 죽음에 대한 증인이 되었다.

예수님의 완전한 죽음은 예수님께서 우리가 당하는 죽음에 동참하셨음을 뜻한다. 예수님은 죽기까지 낮아지셨다. 죄는 없으시지만 모든 것에서 우리와 같이 되셨다. 심지어 완전한 죽음까지 함께하셨다. 장사되어 무덤에 눕기까지 했다. 이런 예수님의 완전한 죽음은 죄와 허물로 완전히 죽었던 우리에게 생명을 주시기 위해서이다. 예수님을 믿는 자들은 이제 예수 안에서 영생을 누리게 되었다. 맨 나중에 멸망 받을 원수인 죽음(고전15:26)이 그리스도에 의해 통치를 받는다. 따라서 그리스도안에 있는 자들은 이제 더 이상 죄와 허물로 죽지 않고 영생으로 옮겨가기 위해서 육체적 죽음을 맞이하게 된다. 부활과 영원한 영광에 들어가는 한 과정으로 이 땅에서의 죽음을 맞이하게 된다. 현상적으로는 신자와 불신자가 동일한 죽음을 죽는 것 같지만 신자의 죽음은 근본적으로 다른 차원에 속해있다. 신자는 부활과 영생으로 나아가기 위해서 죽는다.

음부에 내려가셨다

음부는 지옥을 의미한다(눅16:23). 그러나, 죽은 자가 가는 무덤(창42:38, 계1:18)이나 지옥 고통을 의미하기도 한다(시18:5-6). 음부는 로마가톨릭교가 주장하듯 죽은 자들이 머무는 지옥 변두리의 연옥이 아니다. 웨스트민스터 신앙고백서 대교리문답 50문답은 음부를 무덤으로 설명한다("묻힌 바 되어 제삼 일까지 죽은 자의 상태로"). 그러나 앞에 나오는 장사되셨다와 중복되는 측면이 있다. 칼뱅은 음부를 지옥 고통으로 본다. 장사되시고 난 뒤에 나오는 음부에 내려가셨다는 고백은 고통과 연결하면 시간적 순서로 맞지 않는다는 약점이 존재한다.

'음부에 내려가셨다'로 번역된 헬라어 원문은 "아래로" 내려가심(κατελθόντα εἰς τὰ κατώτατα)이라고 볼 수 있고 이는 "땅 아래 낮은 곳으로" 내리셨다(κατέβη εἰς τά κατώτερα 엡4:9)와 일치한다. 에베소서 4장 8절은 "땅의 아래"나 "땅 곧, 아래" 모두로 번역될 수 있다. 여기서의 대조는 하늘 위에 오르는 것과 땅 아래로 내리는 것 사이에 있다. 따라서 음부라는 구체적인 장소보다는 예수님께서 땅에서의 전 생애를 포괄하는 것이 사도신경의 의도라고 보인다.

중세 신학자인 아퀴나스의 토마스는 이 항목을 앞에 있는 "장사되셨다"와 짝으로 설명한다. 육체와 함께 장사되시고 영혼과 함께 음부에 내려가신 것으로 분리한다. 영혼과 함께 음부에 내려가신 것은 첫째, 죄에 대한 모든 벌을 감당해서 모든 죄과를 속죄하기 위함인데 인간의 벌은 영혼까지 미치기 때문이다. 둘째, 음부에서 자신의 친구들, 아브라함, 이삭, 야곱, 모세, 다윗등을 만나기 위해서이다. 토마스는 구약의 이런 인물들은 그리스도에 대한 사랑과 믿음을 가지고 죽었지만 여전히 음부에 머물고 있다고 본다. 셋째, 악마의 집인 음부에서 사탄을 완전히 정복하기 위한 것이다. 넷째, 음부에 있는 성도들을 구출하기 위해서이다. "음부"는 악마의 본거지이자 구약 성도들이 머물고 있는 장소이다. 치명적인 죄를 가지고 죽은 사람들, 할례받지 않고 죽은 유아들이 내버려져 있는 장소이다.[33] 토마스의 이런 해석은 "음부에 내려 가셨다"를 고백하는 것을 주저하게 만드는 중요한 배경이 된다.

---

33) 토마스 아퀴나스, 『사도신경 강해설교』, 손은실 번역/주해 (서울: 새물결플러스, 2015), 145-153.

그러나 우리는 이런 설명을 전적으로 배제해야 한다. 이 항목은 하나님의 아들이 죄는 없으시지만 우리와 동일하게 되셨다는 점을 강조한다.[34] 그분의 고난은 전적으로 우리와 동일하다. 죄의 결과로 우리에게 닥친 재앙과 원수에게서 당하는 의인의 고난을 압축하고 있다. "음부에 내려가신" 우리의 중보자는 우리를 체휼하실 수 있다. 우리가 당하는 모든 구체적인 고난의 실체를 그분은 실제 경험하시고 아신다. 우리는 이 땅에서 당하는 모든 고난 중에 그 고난에 함께하시고 동일한 고난을 같이 경험하신 분을 우리의 구원자로 받아들인다.

사흘 만에 부활하셨다

예수님은 우리를 의롭다 하시기 위해서 살아나셨다(롬4:25). 예수님은 온전한 순종으로 율법의 의를 다 성취하셨다. 부활은 예수님의 의의 결과이다. 완전한 의를 이루신 분은 죽음에 머물러 있을 수 없다(행2:24). 그는 영으로 의롭다 하심을 받으셨다(딤전3:16). 예수님의 부활은 잠자는 자들의 첫 열매가 되셨다(고전15:21). 그분의 부활은 우리 부활의 보증이다. 그분의 부활과 부활 신앙은 현재의 세례와 고난에 대한 가장 확실한

---

34) Caspar Olevianus, *An Exposition of the Apostoles' Creed* (Grand Rapids: Reformation Heritage Books, 2009), 88-89.

이유가 된다(고전15:29-30). 부활은 현재의 고난을 인내하는 중요한 기초이다. 우리는 날마다 죽지만(고전15:31) 그러나 그리스도와 함께 부활 생명을 누린다. 우리가 그의 죽음과 같은 모양으로 연합한 자가 되었으면 또한 그의 부활과 같은 모양으로 연합한 자가 된다(롬6:5). 그리스도와 함께 죽고 또한 그와 함께 산다. 이를 믿는 것이 부활 신앙의 현재적인 의미이다.

하늘에 오르셨다

원래 예수님께서는 하늘로부터 오셨고(요6:38) 하늘에 속한 분이시다. 하늘은 곧 아버지께서 계시며 성부께서 성자 예수님을 파송하신 곳이다. 하늘로 올라가시는 예수님은 '내 아버지', '내 하나님'께로 올라간다고 말씀하신다. 아버지께서 계신 하늘로 오르신 예수님은 거기에서 성령을 보내시고 삼위가 협의하신 모든 것을 이 땅에서 실현하기 위해 함께 일하신다. 예수님은 가서 우리를 위하여 거처를 예비하시고 하늘로 우리를 영접하실 것이다(요14:3). 동시에 삼위 하나님은 우리에게 오셔서 거처를 삼으신다(요14:23). 이 땅에 있는 우리가 이른 곳은 시온 산과 살아계신 하나님의 도성인 하늘의 예루살렘이다(히12:22). 땅 아래로부터 하늘에 오르신 그리스도를 따라서 우리도 이 땅에서 그리스도와 함께 하늘에 앉아 있다(엡2:6).

하나님 아버지가 계신 하늘에 오르신 예수님은 이 땅에서의 사역보다 더 큰 일을 하고 계신다. 예수님은 요한복음에서 "아버지께로 가신다"는 일을 말씀하시면서 이 사실과 무관해 보이는 "…보다 크다"는 표현을 두 번에 걸쳐 덧붙인다. "이는 내가 아버지께로 감이라"(요14:12)이라는 승천을 말씀하시면서 예수님은 "내가 진실로, 진실로 이르노니 나를 믿는 자는 나의 하는 일을 저도 할 것이요 또한 그보다 큰일도 하리니"라고 덧붙인다. 제자들이 예수님보다도 더 큰 일을 할 것이라고 의외의 말씀을 하신다. 14장 28절에서도 "내가 아버지께로 감"을 말씀하시면서 "아버지는 나보다 크심이라"는 구절을 덧붙인다. 요한복음 14장 12절과 28절 두 구절의 공통점은 예수님께서 아버지가 계신 하늘로 가시는 일과 "…보다 크다"는 구절을 긴밀해 연결시키고 있다는 점이다. 이 땅에서 예수님께서는 크신 영광을 받으셨다. 그러나 앞으로 예수님께서 가게 될 아버지는 예수님보다 훨씬 더 크다고 한다. "…보다 크다"는 제자들이 하는 일이 예수님이 하는 일보다 크고 아버지가 예수님보다 크다는 단순한 비교는 아니다. 예수님이 하늘 곧, 아버지께 가서 하게 될 일들은 이 땅에서 할 일보다 더 큰 일이 될 것이다. 성령을 보내서 제자들을 통해서 예수님이 계속해서 하시는 일, 곧 예수를 믿는 자들이 하는 일은 사실 예수님이 하시는 일이다. 하늘에 오르셔서 하시는 일은 예수님께서 땅에서 하신 일보다 더 큰 일이 될 것이다. 그래서 우리는 예수님의 승천을 슬퍼해야 하는 것이 아니라 아버지께로 가심을 기뻐하게 된다 (요18:27-28). "예수님이 행하신 일이 이외에도 많으니 만일 낱낱이 기록된다면 이 세상이라도 이 기록된 책을 두기에 부족할 줄 아노라"(요21:25) 예수님께서 3년 동안 지상사역을 하셨다. 3년 동안 하신 일을 기록한다고 해서 이 세상에 두기에 부족할 정도는 아닐 것이다. 예수님께서 하시는 일은 더 커지고 늘어나고 있다. 예수님이 하늘에 오르신 일은 예수님의 사역이 종결이 아니라 연속이며 증대를 뜻한다.

전능하신 하나님 우편에 앉으셨다

사도신경에서는 두 번 '전능하신'이라는 형용사가 등장한다. 하나님이 창조주 되심을 말할 때 처음 나오고 예수님께서 승천해서 가신 곳이 전능하신 하나님 우편이다. 삼위 하나님께서는 창조 때의 전능으로 예수님의 승천 이후에도 함께 구원의 사역을 이루신다. 예수님이 가신 하늘은 전능하신 성부 하나님과 함께 성령 안에서 능력의 큰 구원 사역이 이루어지는 곳이다.

예수님은 하나님 우편에 앉으셨다. 성부 하나님과 동일한 권세, 영광, 능력을 상속하시고 나누시는 왕의 진정한 아들이시다. 모든 피조세계와 믿는 자들의 찬송과 경배를 받으시며 계신다(계5:9-14). 예수님은 하나님 우편에 '서서' 계신다(행 7:55). 이 땅의 교회를 위해서 간구하시며 그 고난에 동참하신다. 교회가 당하는 핍박을 예수님 자신이 직접 당하는 핍박으로 여기시며 우리를 체휼하신다.

거기로부터 살아 있는 자와 죽은 자를 심판하러 오신다

예수님은 제자들만이 보는 가운데 승천하셨다. 정해진 소수의 사람들만이 지켜보는 가운데 올라 가셨다. 쉐키나의 구름 곧, 성전에 하나님의 임재였던 그 구름에 싸여 승천하셨다. 그리고 예수님은 오실 때도 동일하게 오실 것이다. 천사는 "이 예수는 하늘로 가심을 본 그대로 다시 오시리라"고 전하였다(행1:11). 예수님은 축복하시면서 하늘에 오르셨다(눅24:51). 하늘에서도 우리를 축복하시며 오실 때도 믿는 자들에게 복 주시면서 오실 것이다. 예수님의 승천의 모습은 예수님께서 하늘에서도 동일하게 그리고 재림하실 때도 우리에게 복 주시고 구원을 이루시는 분으로 동일하게 계심을 증거한다. "예수 그리스도는 어제나 오늘이나 영원토록 동일하시니라"(히13:8)

그러나 예수님의 재림은 승천 때와는 다른 점이 있다. 한정된 소수의 사람만이 아니라 모든 사람이 볼 수 있도록 오신다. "그

때에 땅의 모든 족속들이 통곡하여 그들이 인자가 구름을 타고 능력과 큰 영광으로 오는 것을 보리라"(마24:30) "호령과 천사장의 소리와 하나님의 나팔 소리로 친히 하늘로부터 강림하신다"(살전4:15) 잠자는 자 모두가 먼저 일어나고 살아남은 자들(신자들)도 그들과 함께 구름 속으로 끌어 올려 공중에서 주를 영접하게 된다(살전4:17). 그러나 부활은 생명의 부활과 심판의 부활로 나누어진다(요5:29). 예수님은 마침내 산 자와 죽은 자 모두의 심판주로 재림하신다.

재림의 가장 강력한 징조는 복음이 만국에 전파되는 것이다(마24:14). 핍박과 자연만물에 나타나는 징조 중에도 교회가 견디며 천국 복음이 전파되는 것이 재림의 진정한 징조이다. 재림의 시간은 아들도 알 수 없고 오직 아버지만이 아신다(마24:36). 주의 날은 도적과 같이 임한다(살전5:2). 그러나 빛 가운데 있는 빛의 아들들에게는 도움 같이 임하지 못한다(살전5:4-5). 예수님도 재림을 말씀하시면서 깨어 있으라(마24:42), 주의하라(마24:4), 준비하고 있으라(마24:44)고 반복해서 명령하신다. 재림의 징조들을 두려워할 것이 아니라 핍박 중에 견디며 미혹당하지 않으면서 교회에 주신 사명을 다하면서 우리는 재림을 강렬하게 열망한다. 거룩한 새 예루살렘으로 아름답게 단장한 어린 양의 신부로서 교회의 자태를 잃어버리지 않아야 한다.

5. 성령을 믿습니다

성령을 믿습니다

　스토아 철학은 '프뉴마'를 영혼의 구성체 또는 일종의 '생동적인 신경액'으로 생각하였다. 영혼으로부터 전 인간에게 퍼져서 각 개인에게 권능과 생명을 부여하는 어떤 것이었다. 그러나 성령은 인격적인 하나님이시다. 성령은 창조의 영(겔37:9-14;시104:30)이시며 거룩한 영(성령)이시다(사63:11;시51:11). 구약의 성령은 언약 속에서 언약 백성들에게 임하시고 부어진다. 선지자적인 활동(창41:38;슥7:12), 사사들의 사역(삿6:34;14:6)도 하나님의 영의 사역이다. 사울과 다윗은 이런 하나님의 사역의 연장선상이다. 성전건축(출28:3), 장로들과 여호수아(민11:17;신34:9)에게 임해서 자기 백성이 언약 가운데 살도록 인도하신다. 구원의 일에도 직접 관여하신다. 포로기가 깊어 갈수록 이스라엘은 출애굽 사건을 성령 사역으로 보면서 성령 안에서의 구원 사역을 더욱더 사모하게 된다. "백성이 옛적 모세의 때를 기억하여 이르되 백성과 양 떼의 목자를 바다에서 올라오게 하신 이가 이제 어디 계시냐 그들 가운데에 성령을 두신 이가 이제 어디 계시냐"(사63:11) 주께서 출애굽의 역사를 일으키시고 골짜기로 내려가는 가축 같이 편히 쉬게 하신 일은 하나님의 영의 일로 설명한다(사63:14). 성령은 주의 구원의 즐거움을 회복시키신다(시51:11). 이처럼 구약에서 이미 성령님은 인격적인 하나님으로서 근심하시고 언약백성을 인도하시며 구원하시는 분으로서 나타난다.

성령님은 참 이스라엘이신 예수님의 지상 사역을 인도하신다. 잉태, 세례, 시험 받으심, 죽음과 부활은 모두 성령님께서 예수님의 사역을 주도하고 계심을 보여준다. 이처럼 이미 구약에서부터 인격적인 하나님이신 성령님은 아직 그리스도의 영으로서 계시지 않으셨다. "이는 그를 믿는 자들이 받을 성령을 가리켜 말씀하신 것이라(예수께서 아직 영광을 받지 않으셨으므로 성령이 아직 그들에게 계시지 아니하시더라)"(요7:39) 예수님께서 영광 받으신 후에 하늘로부터 파송하신 성령님은 오순절에 오셔서 그리스도의 영으로서 일하신다. 예수님을 증거하는 가장 참된 증인은 태초부터의 사역, 특히 예수님의 지상 사역을 주도하신 성령님이시다. 창조주 성부 하나님과 성자 예수님이 성취하신 모든 은혜를 받는 길은 성령님의 은밀하신 효력과 역사이다(칼뱅, 기독교강요 III. 1.1). 그리스도의 영으로서의 성령은 인(insculptum)과 고리(vinculum)로서 성부, 성자와 언약백성을 연결하고 연합하게 한다. 성령님은 그리스도의 모든 은혜를 누리게 하는 보증이시다.

오순절에 오신 성령님은 예수님에 대해서 증거 하게 하시고 이 증언 위에 그리스도의 교회를 세우신다. 교회는 성령 사역 곧, 복음 설교를 통해서 세워졌다. 교회에 속한 그리스도의 지체들에게 교회의 머리되신 그리스도께서 의와 거룩과 구원함이 되신다(고전1:30). 길과 진리와 생명 되신 그리스도는 성령님을 통해서 죄인들 안에 참된 생명과 진리, 아들 됨을 이루신다. 그리스도안에 있는 모든 은덕들이 성령님을 통해서 자기 백성에게 성취되어 자기를 지으신 이의 형상을 따라서 지식에까지 새롭게 하심을 받은 새로운 사람(골3:10)이 된다. 성령님께서 그리스도의 영으로 그리스도인을 형성해 가시며 이는 교회에 주시는 은혜의 방편들을 통해서 실현된다.

거룩한 하나의 공교회

성부, 성자의 일을 우리에게 적용하시는 분은 성령님이시다. 성령 사역의 일차적 장소는 교회이다. 사도신경은 이런 의미로 "성령을 믿습니다" 바로 다음에 하나의 거룩한 공교회에 대한 고백을 연결하고 있다. 이 교회는 무엇보다도 성령께서 오순절에 오셔서 사도적 증언을 하게 하셔서 세우신 교회이다. 사도성은 교회의 일치, 거룩함, 그리고 보편성을 기초한다. 교회의 사도성의 기초는 사도들 자신보다도 그 내용인 '사도적 증언' 그리고 이 증언을 기록한 성경에 있다. 교회의 사도성을 이해하는 첫 출발은 마태복음 16장 18절의 말씀이다. 예수님께서는 '이 반석' 위에 내 교회를 세우시겠다고 약속하셨다. 약속하신 것을 실현하기 위해서 예수님은 부활 후 40일 동안 이 땅에 계시면서 모든 사람이 아니라 특정한 사람들에게만 나타나셨다. 부활 후에도 제자들은 여전히 불신앙가운데 있었다(막 16:11;13;14). 여기에는 베드로와 동료 사도들도 포함되어 있었다. 이들을 믿음으로 다시 회복하는 사역을 하신 후 예수님은 승천하셨다. 승천 이후에도 사도의 직분은 매우 제한되었고 크게 확장되지 않았다. 다만 맛디아(행1:26), 바울(롬1:1), 바나바(행14:14)가 포함되기도 하였다.

그러나 우리는 승천 직후 사도행전 1장 13-14절에서 누가가 언급한 일련의 사람들의 명단에 주목할 필요가 있다. 여기에는 예수님의 열한 명의 제자(13절)와 여인들, 예수님의 어머니 마리아 그리고 예수님의 형제들(14절)이 등장한다. 부활의 첫 증인인 여인들, 예수님의 탄생과 유년에 대한 중요한 증인인 마리아 그리고 유다서와 야고보서를 쓴 예수님의 형제들, 유다와 야고보가 함께 언급되고 있다. 사도들과 더불어 등장한 사도

아닌 사람들은 모두 예수님에 대한 사도적 증언을 공유하고 있던 사람들이다. 이들이 내용적으로 사도적 증언을 담지한 사람들이기 때문에 누가는 사도들과 더불어 이들을 말하고 있는 것이다. 우리는 교회의 사도성이 이후 사도 직분 자체가 연속되지 않는다는 제한성과 더불어 부활의 증인으로서 사도적 증언의 담지자라는 내용적 측면 또한 매우 중요하다는 점을 알 수 있다. 사도적 교회는 사도적 증언, 곧 성경이라는 기초 위에 세워진 교회라고 볼 수 있다.

칼뱅은 교회에 주신 권세를 설명하면서 무엇보다도 신조를 제정하고 이를 설명하는 권세를 강조한다. 성령이 주시는 이 권세는 사도와 그 후계자들에게 주셨는데 이는 인간 개인에게 주신 것이 아니라 직분에 주어졌다. 직분은 자신을 주장하는 것이 아니라 오직 선포하도록 위탁받은 그 말씀에 주신 권세이다(기독교강요 IV.8.2). 우리는 교회의 사도성 이해에서 일차적으로는 인간적인 요소를 배제해야 한다. 로마교회가 사도성을 사제적 연속성으로 본 것을 반면교사 삼아 우리는 오직 사도적 증언, 곧 성경만이 교회의 사도성을 보장하는 유일한 기초임을 고수해야 한다. 그러나 사도성은 직분을 배제하지 않는다. 무엇보다도 성경에 충실한 설교의 직분이 교회의 사도성을 보증한다. 예수님께 가르침을 명령받은 사도인 바울은 사도계승자인 목사 디모데에게 동일하게 명하고 가르치라고 명한다(딤전 4:11;13) 예수님께 넘겨받은 것을 사도는 사도 동역자인 디모데에게 넘겨주었고 그가 넘겨받은 대로 설교하는 데서 교회의 사도성이 유지된다.

하나의 거룩한 공교회는 이런 교회의 사도성과 서로 대치되지 않는다. 교회의 보편성은 같은 신앙을 고백하는 시간, 공간을 초월한 교회를 말하는 것이다. 그러나 이에 못지않게 공교회는 구체적으로 존재하는 교회여야 한다. 이를 웨스트민스터 신앙고백 25장에서는 유형적 공교회라고 부른다. '보이는' 교회가 공교회이며(웨스트민스터 신앙고백 25장 2조) 이 공교회인 유형 교회는 "그리스도께서 직분의 사역, 말씀(가르침)과 성례를 주셔서 현세에서 세상 끝날 까지 성도들을 모으고 보호하신다."(3조) 그리고 "지역 교회는 공교회로서 순수하게 복음의 가르침을 행하고 교회치리를 집행하며 예배를 드리는 정도에 따라서 더 또는 덜 순수하다."(4조) 순수한 복음 설교를 통해서 실현되는 가르침과 직분 그리고 성례는 공교회인 유형 교회의 순수한 실현이다. 이런 우리 신앙고백에 충실하다면 우리는 무엇보다도 공교회인 유형 교회의 일원이 되도록 소망해야 한다.

유형적 공교회의 일원인 개체 교회는 더 잘 보이기도 덜 보이기도 한다. 우리 신앙고백은 공예배를 드리는 정도 그리고 그 안에 포함된 순수한 복음의 진리를 가르치고 성례가 집행되는 정도에 의해서 이것이 정해진다고 설명한다. 공예배를 드리는 것이 좀 더 분명한 공교회로 드러나는 유일한 척도가 된다. 한마디로 공교회 됨은 공예배를 드리는 것에 의해서 결정된다. 이 땅에 있는 교회는 공예배를 통해서 더 분명하게 보이는 공교회로 계속해서 세워져 가는 여정 속에 있다. 그러나 사실은 삼위 하나님께서 공예배를 통해서 공교회를 세워가신다. 때로 신약성경은 가르침, 성례가 있는 예배하는 모임 자체를 교회라고 부르기도 한다(행11:26;고전11:18;고전14:19,28,35). 공예배를 드리고 있는 모임 자체가 사실상 (공)교회이다.

사도신경의 구조가 가르쳐 주는 대로 성부, 성자, 성령의 은혜가 주어지는 처소가 하나의 거룩한 공교회라고 한다면 이는 삼위 하나님이 구체적으로 일하시며 자기 백성을 섬기는 현장인 예배에 모인 백성들이라고 할 수 있다.

성도의 교제

성도의 교제는 먼저 위로부터 주어진 은혜의 방편에 의존한다. 그리스도 없는 교제는 성도의 교제가 될 수 없다. 그리스도의 은덕을 은혜의 방편인 복음 설교, 성찬, 기도를 통해서 성령께서 주실 때 비로소 교제는 시작된다. 그러나 위로부터의 은혜는 수평적인 관계 속에서 실현되고 극단적인 개인주의를 배제한다. 교회는 영적 엘리트가 특정한 은사들로 자기 과시를 하는 곳이 아니라 오히려 약한 자, 귀하게 여김을 받지 못한 자, 아름답지 못한 지체가 점점 강하고 더 귀하고 아름다운 지체로 세워지면서 함께 지어져 간다(고전12:22-24).

루터는 교회가 일차적으로 성도의 교제임을 분명히 하였다. 그는 95개조 반박문에서 교황 대신에 설교가 교회에 주어진 보물이고 교회의 열쇠들이라고 분명히 말한다. "교회의 진정한 보물은 하나님의 영광과 은혜의 가장 거룩한 복음 말씀이다."(62항) "그리스도의 공로로 교회에 주어진 열쇠들이 바로 이 보물이라는 점은 경솔히 주장한 것이 아니다."(60항) 루터는 마태복음 16장 18-19절의 열쇠가 베드로에게만 주어진 것이 아니라 모든 사도들에게 주어졌다고 본다. 다시 말해 죄를 사하는 권세는 개인 베드로가 아니라 사도들에게 주어졌다. 그런데 루터가 말하는 사도들은 단지 사도 개인이 아니라 전체로서의 교회였다. 마태복음 16장의 베드로는 다름 아닌 계시를 이해하고 열쇠를 받은 교회이다. 그렇기 때문에 거룩하고 보편적인 교회는 다름 아닌 성도들의 연합 (communio sanctorum)이다. 그리스도가 주신 천국 열쇠들은 성도들의 연합인 교회에 주어졌다. 복음 설교를 믿음으로 수용하는 교회가 열쇠를 위임받았다. 결과적으로 천국 열쇠는 그리스도가 교회를 통해서 복음 설교자들에게 위임한 것이다. 오직 설교를 통한 믿음을 위해서 그들에게 부여되었다. 이 믿음 안에서 교회는 살아간다. 교회는 천국 열쇠를 그리스도에게 받아서 말씀 사역자에게 부여했다. 복음 설교자는 자신들이 넘겨 받은 외적인 권세인 복음 설교를 시행하지만 성직자와 평신도라는 그 어떤 위계질서적인 상하 관계가 성립할 수 없다.

하나의 공교회와 성도의 교제는 사실상 같은 것이다. 위로부터 주어지는 은혜는 실질적으로는 성도들 모두가 같은 믿음, 세례를 지향하면서 서로를 세워갈 때 실현된다. 교회 안에 구체적인 형제, 자매들 없이 우리의 믿음과 은사는 자라가기 어렵다. 따라서 우리는 우리 자신의 생명을 위해서 옆에 있는 지체들이 살도록 해야 한다. 성도의 교제를 부인하는 무교회주의는 하나님께서 은혜를 실현해 가는 방식을 무시하는 것이다. 소위 교회 없는 신앙과 구원은 추상적 사변이다. 우리는 각각 자신을 살피고 자신의 짐을 지면서도(갈6:1,5) 항상 서로서로를 가르치고 권면하고(골3:16) 서로의 짐을 지면서 그리스도의 법을 성취해야 한다(갈6:2).

죄 사함

  죄를 사해주는 것은 매우 포괄적인 고백이다. 사실 최종적인 우리 몸의 부활과 영원한 생명은 우리의 사후의 문제이다. 따라서 "죄사함"에는 삼위 하나님의 은혜를 받아 살아가는 죽기 전의 삶 전체를 사도신경은 "죄사함"으로 말하고 있다. 부활과 영생이 소망이라고 한다면 "죄사함"은 현재 그 소망의 현실을 누리는 삶이라고 볼 수 있다. 우리는 거룩한 공교회, 성도의 교제 속에 있지만 개인적으로 각자가 이 죄사함의 은혜를 실재적으로 알고 고백해야 한다.

  그러나 이 고백은 철저히 신자 개인의 문제는 아니다. 특별한 경우가 아니고는 거룩한 공교회를 떠나서는 구원 받을 가능성이 없다는 것이 웨스트민스터 신앙고백의 가르침이다.(25장 2) 따라서 죄를 사해주시는 삼위 하나님의 은혜는 교회에 주시는 말씀을 통해서 죄를 깨닫고 회개하고 돌이키는 일을 통해서 실현된다. 따라서 죄사함의 고백은 앞에 있는 교회에 대한 고백과도 분리될 수 없다.

  사실상 모든 죄는 하나님 앞에서 이루어진다. 우리아의 아내와 범죄하고 우리아를 죽음으로 내몬 다윗은 나단 선지자 앞에서 죄를 고백하면서 "내가 여호와께 죄를 범하였다"(삼하12:3)

고 고백하였다. 살인과 간음의 문제도 근본적으로는 1계명의 문제이다. 탐심 또한 우상숭배(골3:5)라는 점에서 이 또한 1계명의 문제이다. 우리의 죄는 사실상 하나님 앞에서 하나님을 대적하고 하나님을 부인한다는 점에서 동일하게 무거운 것이다.

우리 시대는 죄를 가볍게 여기기 때문에 죄사함의 은혜가 얼마나 큰지도 알지 못한다. 죄를 단지 일말의 양심가책 정도나 다른 사람과 비교하면서 쉽게 생각한다. 공직에 나서는 신자와 불신자 사이에 죄의 문제에서 전혀 차별성을 보이지 않고 있다. '내로남불'이라는 용어는 일상화되었다. 이는 모두 죄를 단지 인간적인 차원, 다른 사람과의 비교 그리고 도덕적인 문제로 치부하면서 '하나님 앞에서'라는 엄중함을 상실한 결과들이다.

종교개혁은 중세 로마교가 주장하는 인간의 원래의 의에 대한 철저한 부정에서 출발하였다. 중세 로마교는 인간에게 아직 남아있는 어떤 의의 가능성에 선행적 은혜가 주어지면 충분히 의를 행할 수 있도록 의의 능력이 다시 살아날 수 있다고 믿었다. 그러나 종교개혁 신앙은 인간의 철저한 전적인 부패를 가르쳤다. 하나님 앞에서는 절대적으로 완전한 의, 하나님의 율법에 철저히 일치하는 삶만이 의롭기 때문에 인간이 이 세상에서 행한 최고의 행위도 모두 불완전하고 죄로 오염되어 있다고 고백하였다(하이델베르크 요리문답 62문답). 우리의 의와 죄의 기준은 철저히 하나님과 그 율법에 있기 때문에 우리는 하나님 앞에서 자기의 어떤 것으로 서지 못하고 오직 무익한 종, 철저한 죄인으로 설 뿐이다.

그러나 우리 죄에 대한 절망과 철저한 자각이 우리를 절망시키는 데서 끝나서는 안 된다. 우리 죄의 심각성은 예수 그리스도의 은혜의 크심을 의미한다. 예수 그리스도의 공로 외에 그 어떤 것도 우리 죄를 사하지 못한다는 죄사함의 은혜의 절대성으로 연결되어야 한다. 우리 안에는 철저한 부패와 절망밖에 없기 때문에 우리에게 의와 거룩과 구원함(고전1:30)이 되시는 그리스도의 죄사함의 공효만을 의지하게 된다.

죄사함은 어느 시점이나 경험에 국한해서 말할 수 없다. 우리는 평생 죄를 깨닫고 회개하며 죄사함의 은혜로 나갈 수밖에 없을 정도로 평생 하나님의 절대적인 기준 앞에 죄를 범한다. 평생 끊임없이 죄사함을 선포하는 복음 말씀에 의지해서 중보자의 죄사함의 은혜를 바라보고 나가야 한다. 그리스도와 믿음으로 연합한 자들에게는 우리의 죄가 우리를 정죄함에 이르게 하지 않는다. 죄가 사라지거나 지워지는 것이 아니라 그것을 다 아시는 하나님께서 그리스도안에서 우리를 정죄하지 않는다. 그리스도의 희생 제사를 통해서 완전한 속죄의 은혜에 전적으로 자신을 의탁하는 자들에게 죄를 간과하신다.

죄인은 종일 신음하고 뼈가 쇠하며 진액이 화하여 여름 가물에 마름같이(시32:3-5) 큰 고통 중에 있다. 그러나 죄사함의 은혜는 이런 죽음과 같은 상태를 하나님이 주시는 죄사함의 복을 누리는 자로 변화시킨다. "허물의 사함을 얻고 그 죄의 가리움을 받는 자는 복이 있도다 마음에 간사가 없고 여호와께 정죄를 당치 않는 자는 복이 있도다"(시32:1-2) 그리고 죄의 고통은 죄사함의 은혜로 말미암아 하나님의 복을 감사하고 하나님을 찬양하게 된다. 자기 의가 아닌 그리스도안에서 죄사함을 믿음으로 받아들이는 자들만이 이 복을 누린다.

몸의 부활

우리는 예수님의 재림 때의 부활을 믿는다. 우리의 부활은 예수님의 구원 안에 포함된다. 우리는 부활을 의심하지 말아야 한다. "죽은 자의 부활이 없으면" 그리스도도 다시 살지 못했고 "그리스도의 부활이 없었다면" 교회의 복음전파와 신자의 믿음도 헛것이다(고전 15:14). 어떤 이들은 우리 몸의 부활을 의심하고 소위 영적 부활만을 주장한다(고전 15:35). 죽은 자 가운데서 부활이 없다거나(고전 15:12) 혹은 부활이 이미 지나갔다고 주장한다(딤후2:18). 계몽주의 이후 부활은 가장 적대적인 공격의 대상이 되었다. 그러나 부활은 역사와 구속역사를 포괄하면서 기독교 진리를 보편 진리로 연결하는 고리가 된다.

우리는 '몸'의 부활을 믿는다. 부활에는 영육 이원론이 적용되지 않는다. 우리는 몸을 가지고 부활한다. "어떤 몸"인가? 우리가 지금 가진 몸과 부활체 사이에는 연속성을 가진다. 하나님께서는 각 종자에게 각각의 형체를 주신다(고전 15:38). 사람, 짐승, 새, 물고기의 육체가 구분되듯이 부활체도 각각의 형체를 가진다. 밀을 심은 곳에 다른 식물이 나오지 않는 것처럼 부활체는 각각의 독특성을 가진다.

그러나 불연속성도 또한 명확하다. 씨가 죽어서 살아나는 일을 통해서 현재 우리 몸은 썩지만 부활체는 썩지 않는다는 것이 명확하다(고전 15:42). 욕된 것, 약한 것이 현재 우리 몸에 속하는 것이라면 부활체는 영광스럽고 강하다(고전 15:43). 무엇보다도 부활체는 신령한 몸이다. 성령께서 지배하고 이끌어 가시는 몸이다. 부활체가 어떤 물질로 이루어졌는가 보다 전적으로 성령께서 주장하시는 신령한 몸이라는 사실이 부활체에서 가장 중요하다. 결국 우리는 흙에 속한 형상을 벗고 하늘에 속한 이의 형상을 입는다(고전 15:49).

부활은 하나님의 형상이신 그리스도의 영광과 몸을 동일하게 우리도 입는 것이다. 이것을 그리스도의 부활이 보증한다. 따라서 하늘에 속한 형상으로 썩지 않는 몸을 입을 부활을 소망하는 것은 우리 구원의 최종적인 목적지를 보여준다. 성령께서 온전히 지배하셔서 그리스도화 된 인간으로 하나님께서 입혀주실 것이다.

영원한 생명

"영생은 곧 유일하신 참 하나님과 그가 보내신 자 예수 그리스도를 아는 것이니이다"(요17:3) 영생은 단지 우리의 육체적 생명이 연장되는 것이 아니다. 심판의 부활은 사실 영원한 죽음으로 존재하는 것이다. 우리는 이런 방식의 존재방식을 영생이라고 할 수 없다. 영생은 삼위 하나님을 아는 온전한 지식을 말한다. 주와 항상 함께 있음이 곧, 영생이다(살전4:17). 그리스도와 함께 영광을 받는 것이다(롬8:17). 영원한 안식(히4:9)과 어린 양의 순결한 신부로 사는 것이다(계19:9). 따라서 영생은 하나님을 아는 지식의 충만 (Visio Dei), 하나님을 즐김(시34:9) 그리고 하나님을 온전히 예배하고(계22:3) 그리고 하나님과 함께 왕 노릇하는 삶을 살게 되는 것이다(계22:5).

제3부

-

공예배에서
사도신경의 사용

1. 예배 순서에서 사도신경 고백의 위치

사도신경은 일차적으로 예배의 맥락에서 그리고 이를 확장한 삶의 전 영역에서 확인되는 성도의 표징이다. 구체적으로 예배에서 사도신경이 어떻게 사용되어야 하는지를 제안해 본다. 먼저 사도신경은 공예배 때 반드시 사용되어야 한다. 신앙고백은 예배의 필수적인 요소이기 때문에 사도신경으로 우리의 신앙을 고백하는 것을 생략하는 것은 예배에 대한 불충분한 혹은 잘못된 이해를 담고 있다. 공예배 시 성찬이 있는 경우에는 설교와 성찬 사이에 고백한다. 이는 앞서 종교개혁자들의 사도신경 사용에서 이미 살펴 본 것이다. 사도신경이 설교의 요약이자 성찬에서 인쳐지는 믿음의 고백을 담고 있기 때문이다. 마지막으로 공예배 시 성찬이 없는 경우에는 설교 전 적당한 순서에 고백한다.

2. 사도신경을 공예배에 사용하는 근거들

사도신경을 공예배시 고백한 것은 종교개혁자들의 전통

12세기부터 사도신경이 모든 교회의 세례성사에서 사용하도록 공식화되었다.[35] 고대 교회의 세례와 예배에서 사용되었던 사도신경이 12세기 중세 교회의 세례성사 예배에서 사용되도록 공식적으로 정해진 것이다. 다만 이때의 사용은 세례 성사에만 한정되었기 때문에 공예배에서 사용된 것으로 보기에는 어렵다.

종교개혁자 츠빙글리는 1524년에 취리히에서 처음으로 로마가톨릭교회의 미사를 폐지하고 말씀과 성찬이 중심이 된 일종의 예배모범 (Action or Use of the Lord's Supper)을 제출하였다. 성찬에 대해서 가르치고 있는 바울서신(고린도전서 11:20-29)과 복음서(요한복음 6:47-63)를 읽는 순서 중간중간에 송영과 찬양의 응답이 들어간 후에 사도신경과 주기도문이 진행되고 이어서 성찬을 시행한 후 시편 112편을 교독하

---

35) L. Doekes, Credo, *Handboek voor de Gereformeerde Symboliek* (Amsterdam: Ton Bolland, 1979), 18.

는 순서로 진행되었다.[36] 초기 종교개혁자인 츠빙글리가 시무한 취리히교회의 예배 형식에 사도신경을 고백하는 것은 확고하게 자리 잡았다. 물론 츠빙글리의 이런 초기의 예배 모범을 중세 로마가톨릭의 미사에 덧붙여져 행해졌던 일종의 경건회(pronaus)에서 기원한 것으로 보기도 한다. 미사에 이어진 이 짧은 예식(pronaus)은 주기도문-설교-기도-사도신경-공적 죄의 고백으로 이루어졌고 15-16세기 유럽의 상당한 교회들에 정착되어 있었다.[37]

칼뱅은 스트라스부르크에서 목회하면서 채택한 예배모범(1541년)에서는 사도신경을 리듬을 붙여 노래로 부르도록 하였다. 반면에 제네바에서 채택한 예배모범(1542년)은 말로써 고백하도록 하였다. 그는 이처럼 다양한 형태로 사도신경을 사용했지만 반드시 예배에서 사용하도록 하였다.

설교와 성찬 사이에 사도신경을 고백하도록 한 칼뱅

다만 칼뱅의 경우 예배 중 사도신경의 위치가 상당히 독특하

---

36) *Liturgies of the Western Church,* Selected and Introduced by Barad Thompson(Philadelphia: Fortress Press, 1980) 149-158.

37) T. Brienen, *De liturgie bij Johannes Calvijn* (Kampen: De Groot Goudriaan, 1987), 133.

다. 그는 설교와 성찬 중간에 사도신경을 위치시켰다. 사도신경은 바로 앞에 위치한 설교의 결론으로 이해하였다. 사도신경은 복음을 짧지만 충분히 한번에 종합하는 것으로 이해했기 때문이다. 동시에 사도신경은 성찬을 여는 것이었다. 사도신경으로 설교가 압축되었다면 이제 성찬이라는 다른 방향을 향해서 그 압축된 설교가 펼쳐지는데 바로 이 연결지점에 사도신경이 위치한다. 이때 사도신경은 회중의 고백으로 현존한다. 회중은 함께 설교를 들으면서 현장에 모인 교회로 형성된다. 설교 중에 삼위의 부르심을 함께 경험한 회중은 성찬에서 주시는 그리스도의 생명에 함께 참여하면서 하나 됨의 의미를 다시 한번 확인한다. 그렇기 때문에 사도신경을 고백하는 것은 설교에 나타난 복음 전체를 요약하고 고백하면서 설교가 삼위 하나님의 부름과 그분과의 사귐으로의 초대임을 받아안고 동시에 사도신경으로 성찬을 열면서 이 사귐의 생명을 함께 누리는 것이다.[38]

중세 로마가톨릭은 단지 세례성사와의 연관성 속에서만 사도신경을 사용했다. 츠빙글리부터 종교개혁자들은 공예배에서 사도신경을 고백하도록 하였다. 그러나 예배 중의 사도신경을 단지 세례와의 연관성에서만 이해하지 않았고 그 이해를 좀 더 확장하였다. 칼뱅은 1542년 예배모범의 서문에서 우리의 영적

---

38) Brienen, *De liturgie bij Johannes Calvijn*, 222

인 회합(공예배)의 총합은 하나님의 말씀의 설교, 공기도 그리고 성례의 시행이라고 규정하였다.[39] 여러 다양한 형태의 변형은 모두 이 세 가지 일로 압축되고 예수 그리스도의 교회의 모든 예배는 이 세 가지 기초 형태로 두어야 한다고 보았다. 칼뱅은 이 셋 중에서 설교를 예배의 최고의 지점으로 본다. 하나님의 진리로 가르침을 받는 것이 정당하게도 최우선이다. 루터와 츠빙글리로부터 시작된 이런 종교개혁의 전통은 칼뱅에게서도 동일하게 확인된다. 설교와 더불어 예배의 두 번째 기둥은 성례이다. 사실 설교와 성례를 들리는 말씀과 보이는 말씀이라고 할 만큼 서로 짝을 이룬다. 동일하게 삼위 하나님이 은혜를 주시고 그 은혜를 받고 누리며 표하는 것이다. 사도신경의 고백은 이 은혜를 함축하고 이 은혜의 실체를 증거한다. 따라서 사도신경은 사실상 예배 전체에서 나타나는 삼위 하나님의 살아있는 은혜를 증거하며 이를 실현하는 수단이 된다. 동시에 이는 회중의 응답이기도 하다. 삼위의 은혜를 고백하면서 이 고백으로 삼위의 은혜에 동참한다. 은혜의 실체 속에 참여하며 그 은혜를 자신의 것으로 수용한다.

　칼뱅은 종교개혁이 추구한 예배의 두 기둥인 설교와 성찬 사이에 사도신경을 고백하게 함으로써 이런 실체를 증거하고자

---

39) Corp. *Reform.* VI p. 165.

하였다. 따라서 사도신경은 반드시 예배 중에 사용되어야 한다. 그리고 단지 사용할 뿐 아니라 사도신경을 통해서 예배의 모든 구성 요소들이 하나로 통합되어 있다는 사실도 함께 인식되어야 한다.

사도신경은 설교에 대한 응답과 성경의 요약

이런 종교개혁자들의 가르침을 적용해 보자면 사도신경은 성경 가르침의 요약이라고 볼 수 있다. 따라서 사도신경의 고백은 예배의 중심에 있는 설교를 자신의 신앙으로 응답할 때 신자들의 적절한 응답으로 볼 수 있다. 따라서 성찬을 시행하지 않는 공예배에서도 설교 후에 이에 대한 응답으로 사도신경을 고백하는 것은 매우 의미 있어 보인다.

또 하나의 대안은 성경교독을 사도신경으로 대체하는 것이다. 과거에는 성경교독이 모든 공예배에 정착되어 있었으나 이 순서가 약화된 것이 사실이다. 칼뱅은 공예배 중 성경을 연속적으로 읽는(lectiocontinua) 고대 교회의 전통을 따라서 구약과 신약의 본문을 그대로 낭독하도록 했다. 츠빙글리, 불링거, 루터는 고대 교회의 예배 전통을 따라 공예배 중 성경을 연속으로 읽도록 하였다. 특별히 스트라스부르크의 마르틴 부처는 설교 전 바울서신, 모세오경 혹은 선지서 중 정해진 본문을 읽고 짧게 설명하는 순서를 시행하기도 하였다. 칼뱅도 이들의 영향을 받아서 공예배의 중심이 성경이 되도록 하기 위해서 성경 본문을 연속적으로 낭독하는 순서를 예배의 전반부에 시행하였다. 따라서 사도신경을 고백하는 것은 성경 본문을 연속적으로 읽는 것을 대체할 수 있는 한 방법이 될 수 있다. 왜냐하면 사도신경을 통해서 우리는 성경 전체의 요약을 만날 수 있기 때문이다.